U0083441

古代歷史文化研究輯刊

三 編

王明蓀 主編

第 29 冊

商周時代的東夷

梁國真 著

國家圖書館出版品預行編目資料

商周時代的東夷／梁國真 著 — 初版 — 台北縣永和市：花木
蘭文化出版社，2010〔民 99〕

目 2+146 面；19×26 公分

（古代歷史文化研究輯刊 三編：第 29 冊）

ISBN：978-986-254-113-5（精裝）

1. 邊疆民族　2. 民族史　3. 商代　4. 周代

621.524　　　　　　　　　　　　　　　　99001487

ISBN - 978-986-2541-13-5

9 789862 541135

古代歷史文化研究輯刊

三　編　第二九冊　　　　　　ISBN：978-986-254-113-5

商周時代的東夷

作　　　者	梁國真	
主　　　編	王明蓀	
總 編 輯	杜潔祥	
出　　　版	花木蘭文化出版社	
發 行 所	花木蘭文化出版社	
發 行 人	高小娟	
聯絡地址	台北縣永和市中正路五九五號七樓之三	
	電話：02-2923-1455／傳眞：02-2923-1452	
網　　　址	http://www.huamulan.tw 信箱 sut81518@ms59.hinet.net	
印　　　刷	普羅文化出版廣告事業	
初　　　版	2010 年 3 月	
定　　　價	三編 30 冊（精裝）新台幣 46,000 元	版權所有·請勿翻印

商周時代的東夷

梁國真　著

作者簡介

梁國真，台灣台南縣人，一九六一年生。成功大學歷史系、文化大學史學研究所碩士班及博士班畢業，一九九四年獲文化大學史學博士，現任明新科技大學人文社會與科學學院副教授。主要著作有〈從典籍金文綜論西周之衰亡〉（碩士論文）、〈商周時代的東夷與淮夷〉（博士論文）、〈試論西周晚期的外患〉、〈試論商代宗教信仰型態的演變〉、〈西周春秋時代宗教思想的演變〉等。

提　要

　　東夷是我國古史上強大的部族集團，大小邦國眾多，分布於山東、蘇北和淮河一帶。從傳說時代開始，東夷民族即與華夏民族互有往來，雙方關係密切，但在夏商周三代，東夷與中原王朝時常發生衝突，形成對峙的局面，為期達千餘年之久，「夷夏之爭」構成了古代民族發展史的主流之一。就整體情勢而言，三代的夷夏之爭，除了夏初東夷大君后羿曾奪取夏的政權之外，大部份時期東夷是屈居下風的。在商代東夷與商王朝的衝突較為緩和，但商代晚期東夷與商王朝的關係惡化，對商王朝的覆亡產生相當不利的影響。西周初年周公東征，敉平三監之亂，進一步降伏東夷，周人基本上控制了山東地區。但自西周中期起，淮河地區的淮夷勢力壯盛，西結漢淮地區的蠻人，東連山東的夷人，對周王朝構成重大的威脅。到了春秋時期，在列國爭霸的形勢下，東夷並未結成強大的聯盟，也沒有強國出現，而逐一遭到併滅的命運。商周時代的東夷，雖然與商周王朝處於對峙的局面，但從考古學文化來看，自商代早期開始，東夷文化逐漸受到商周文化的強烈影響，山東地區的東夷文化最後被周文化所融合，淮河地區則在春秋時代發展出燦爛的徐舒文化，最後才被楚文化所取代，東夷民族及其文化至此融入華夏文化之中。

目
次

第一章　緒　論

　　遠古時代中國各地分布著許多部落邦國，大約自戰國秦漢間的文獻，習慣依東西南北四個方位，將中原周邊民族稱爲「東夷、西戎、南蠻、北狄」，〔註1〕視之爲文化落後的「蠻族」，但這是較後起的觀念，其含義也較爲模糊。上古時期的「東夷」，跟後世「東夷」一詞的內涵有所不同，它是指分布於現今山東、蘇北和淮河兩岸地區的一個部族集團。在夏、商、周三代，東夷經常與中原王朝發生衝突，雙方的對峙衝突爲期長達千餘年之久，構成了上古民族發展史的主流之一。但遺憾的是典籍中對這麼重要的一個部族集團，卻只有隻鱗片爪的記載，令人無從了解其發展概況。近代以來，由於受到卜辭和金文等地下新史料的發現、西方民族學觀念的引進、邊疆民族的調查，以及地下考古發掘研究等因素的影響，古史之研究一度盛況空前，成績斐然可觀，在東夷的研究方面也有長足的進展，對東夷的認識有了迥然不同的看法。

　　根據文獻資料，東夷族主要是由風姓的太皞氏集團與偃姓的少皞氏集團所構成。太皞氏與少皞氏的後裔繁衍茂盛，廣泛地分布於山東、蘇北和淮河兩岸一帶，包含的邦國有任、宿、須句、顓臾、奄、郯、徐、江、黃、英、六、舒、桐和淮夷各邦等，加上其他不同氏姓的邦國如萊、蒲姑、莒、邾等，蔚爲古史上一個強大的部族集團，他們的主要特徵是以鳥爲圖騰。近代學者蒙文通將古代民族分爲三大系統：江漢民族、河洛民族和海岱民族，並主張中國文化導源於東方，〔註2〕指出了東方民族在古史中的重要地位。另一位學者徐旭生也將古

〔註 1〕 見《管子・王言》、《禮記・王制》、《大戴禮記・千乘》、《白虎通・禮樂》等。
〔註 2〕 蒙文通，《古史甄微》(上海，商務印書館，民國 22 年。台灣商務印書館重印)，頁 63。

史傳說時代的氏族分成三大部族集團：華夏集團、東夷集團、苗蠻集團，〔註3〕進一步闡明了東夷族在古史中的歷史地位。傅斯年在〈夷夏東西說〉一文中，更認為夷與商屬於東系，夏與周屬於西系，夷夏的東西對峙，相爭相滅，相激相盪，推動了古代歷史的發展，便是中國的三代史。〔註4〕根據這些學術研究成果，傳統上尊夏而卑夷，漠視夷人在歷史上的地位及其文化貢獻，這樣的觀念似乎有待修正了。

有關東夷在古史上所佔的地位，以上幾位學者的見解，在考古的發掘研究方面也得到了有力的支持。我國目前發現的新石器時代遺址有六、七千處之多，考古學者蘇秉琦首先提出"區、系、類型"的觀念，將新石器時代的考古學文化下列幾個區系：（1）陝豫晉鄰近地區；（2）山東及鄰省一部分地區；（3）湖北和鄰近地區；（4）長江下游地區；（5）以鄱陽湖—珠江三角洲為中軸的南方地區；（6）以長城地帶為重心的北方地區。〔註5〕佟柱臣認為中國新石器時代文化呈現多中心的發展，形成下列幾個文化系統中心：（1）洮河流域的馬家窯文化系統中心；（2）渭河流域的半坡文化系統中心；（3）豫西晉南的廟底溝文化系統中心；（4）海岱地區的大汶口文化系統中心；（5）寧紹平原的河姆渡文化系統中心；（6）太湖地區的馬家濱文化系統中心；（7）江漢平原的屈家嶺文化系統中心。〔註6〕根據目前考古學的研究成果，在新石器時代，我國境內從南到北，大體上分布著稻耕農業、旱耕農業和漁獵畜牧三個經濟文化區。由於各地區所處的歷史背景和自然環境的差異，逐漸形成若干既相互聯繫而又各具特色的文化區域，嚴文明把它分成六個文化區域：中原文化區、甘青文化區、山東文化區、長江中游區、江浙文化區和燕遼文化區（見圖一），〔註7〕其中又以中原文化區、山東文化區和江浙文化區的文化水平較高。例如自新石器中期以降，中國境內各地區普遍出現較大型的定居村落，農業生產頗為發達，制陶技術大幅提高。到了龍山文化期，手工業

〔註3〕徐旭生，《中國古史的傳說時代》第二章「我國古代部族三集團考」（民國32年初版，民國48年修訂出版・北京，科學出版社）

〔註4〕傅斯年，〈夷夏東西說〉，載於《慶祝蔡元培先生六十五歲論文集》下冊（中央研究院歷史語言研究所集刊外編第一種，北京，民國24年）。

〔註5〕蘇秉琦，〈關於考古學文化的區系類型問題〉，《文物》1981年第五期。

〔註6〕佟柱臣，〈中國新石器時代文化的多中心發展論和發展不平衡論——論中國新石器時代文化發展的規律和中國文明的起源〉，《文物》1986年第二期）。

〔註7〕嚴文明，〈中國史前文化的統一性與多樣性〉，《文物》1984年第三期，頁43～49。

又有多方面的突出成就，如冶銅、繅絲、釀酒、治玉和快輪制陶等，就農業
生產和工藝制作水準而論，要以黃河中下游和長江下游最爲發達。中原龍山
文化出現了銅器，制陶業普遍採用快輪旋坯和密封飲窯等新工藝。山東龍山
文化也出現了銅器，質地細膩、胎薄質硬、漆黑光亮的蛋殼陶代表了該地高
度的制陶水平。江浙的良渚文化農業相當發達，除了水稻栽培外，也發現花
生、芝麻、蠶豆、兩角菱、甜瓜子、毛桃核、酸棗核和葫蘆等植物種籽；手
工藝方面，竹器編制、木作器具、制玉加工技術相當進步，並發展出飼養家
蠶和生產絲織品。山東文化區與東夷的關係密切，其文化水平較高，似乎顯
示著東夷在遠古時代曾擁有高的文化水準。

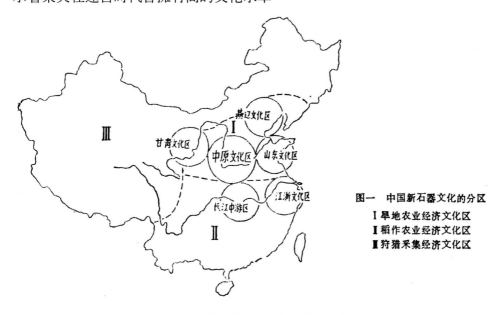

圖一　中国新石器文化的分区
Ⅰ旱地农业经济文化区
Ⅱ稻作农业经济文化区
Ⅲ狩猎采集经济文化区

圖一：中國新石器文化的分區

（採自嚴文明，〈中國史前文化的統一性與多樣性〉，頁 47）

　　山東文化區的史前考古學文化編年序列，可排列如下：北辛文化→大汶
口文化→山東龍山文化→岳石文化。〔註 8〕北辛文化的年代約在西元前 5300
～4400 年之間，陶器均爲手制，器形主要有鼎、釜、罐、壺、盤等，農業經
濟已佔重要地位。大汶口文化的年代約在西元前 4300～2300 年之間，大汶口
文化晚期的分布範圍，北起遼東半島，南到蘇北、淮河以北，並向西推移，

〔註 8〕伍人，〈山東地區史前文化發展序列及相關問題〉，《文物》1982 年第十期，頁
　　　　46。

傳播到河南中部，在平頂山市、偃師、商水、鄲城等地多次發現大汶口文化墓葬，〔註9〕對西方的仰韶文化產生了相當程度的影響，例如半坡後期，即葫蘆瓶時代，鳥紋首先出現在彩陶瓶上，似乎是東方文化影響的跡象。廟底溝時代，東方文化的因素佔有更重要的地位，陶器的灶、釜、鼎、罐、豆、圈足鏤孔器增多，鳥形圖象和陶塑發達。大河村時期，也就是大汶口文化晚期，在中原地區的東方因素更多，如鏤孔、圈足的流行，豆及圓底罐的大量出現，在河南地區多處發現大汶口文化墓葬，說明這時可能有大汶口部落遷居到中原居住。〔註10〕大汶口文化以農業經濟爲主，手工業的技術水準相當高，出現了大量的白陶，精緻的制骨工藝、象牙雕刻和鑲嵌技術更是當時最高水平的代表。龍山文化的年代約在西元前2400～2000年之間，分布的範圍除了山東省境內之外，還擴及河南、江蘇、安徽部分地區和遼東半島。龍山文化的手工業和建築營造技術有了重大的進步，漆黑光亮的泥質黑陶，尤其是高柄蛋殼杯代表著當時高度的工藝水準；房屋建築普遍採用挖槽築牆技術，出現了原始夯築技術，此外玉器的制造也已專業化，並出現兩件冶煉黃銅。

　　岳石文化的年代約在西元前1900～1700年之間，大體上相當於中原的二里頭文化和早商文化時期，分布範圍大致與龍山文化一致。這一時期的岳石文化，已經看不到大汶口文化和山東龍山文化的繁榮景象，陶器的制作顯得粗糙厚笨，難得見到山東龍山文化中常見的那種烏黑發亮胎薄質細的陶器；石制生產工具與山東龍山文化相比，沒有多大變化；雖然已經發現銅錐、青銅鏃和銹蝕嚴重的青銅殘塊，但沒有發現像二里頭文化中的青銅容器和較大型的生產工具與武器，這反映出此一時期山東地區的古代文化，已經逐漸落後於中原地區，那種平分秋色的時代已經過去。有的學者指出岳石文化是一種新出現的比從前落後的文化，其生產、生活水平皆遠遠低於龍山文化。〔註11〕不過也有的學者認爲從文化的整體上考察，岳石文化的社會生產綜合水平，比龍山文化有較大的進步與提高。〔註12〕大約到商代早期，岳石文化在濟南、滕縣一線以西地區，逐漸被中原地區的商文化所代替，在膠東地區其延續時間可能稍長一些。〔註13〕

〔註9〕武津彥，〈略論河南境內發現的大汶口文化〉，《考古》1981年第五期。
〔註10〕石興邦，〈山東地區史前考古方面的有關問題〉，載於《山東史前文化論文集》（濟南，齊魯書社，1986年9月），頁28。
〔註11〕俞偉超，〈龍山文化與良渚文化衰變的奧秘〉，《文物天地》1992年第三期。
〔註12〕欒豐實，《東夷考古》（濟南，山東大學出版社，1996年5月），頁318。
〔註13〕高廣仁，〈山東地區史前文化概論〉，載於《山東史前文化論文集》。

自此以降，山東地區大致上皆爲商周文化所籠罩。

由於山東地區是東夷分布的中心所在，因此有不少考古學者認爲以上所述的幾個山東史前文化，就是遠古的東夷文化。例如大汶口文化曾出土一些陶文，唐蘭認爲這是中國文字的起源，故主張大汶口文化是少皞文化遺存，中國已有六千年的文明史。〔註14〕韓康信對大汶口文化和龍山文化的人骨進行了研究、分析和比較，認爲呈子一期（大汶口文化）和二期（龍山文化）的頭骨與山東境內其他地點的大汶口文化居民的頭骨，本質上都是共同體質類型的，從大汶口文化到龍山文化乃至近代，在體質人類學上是連續的關係，而不是人種類型的取代性質，因此推測山東新石器時代居民應即是東夷民族。〔註15〕也有的學者認爲夏代的東夷或九夷，主要指安徽江淮地區的鬥雞台文化，岳石文化僅僅繼承了龍山文化的部分因素，而更多的成分是來自鄰境的其他文化，即由外地遷入海岱地區的妊姓、姒姓和姜姓等其他眾多部落。〔註16〕若從文獻上加以考察，夏代的積年，據嚴耕望氏的推算，約在西元前二十一世紀至十六世紀中期之間，〔註17〕而在傳說中東夷在夏代以前即已活動於山東一帶，這時大概相當於山東龍山文化期。因此，推測山東的龍山文化和岳石文化應該是屬於東夷的考古學文化，至於更早的北辛文化和大汶口文化是否爲東夷的遠古文化尚難確定。

總而言之，根據考古學的研究成果，山東及其鄰近地區在商代以前，其考古學文化即自成一個獨立發展系統，而且曾經有過輝煌繁榮的時期，影響範圍西抵陝西、河南，南達漢水流域，北至遼寧旅大地區，對東南沿海、江浙、福建地區也都有影響，〔註18〕其透雕、鑲嵌技術，成爲商代牙雕、鑲嵌

〔註14〕 唐蘭，〈從大汶口文化的陶器文字看我國最早文化的年代〉，《光明日報》1977年 12 月 15 日。

〔註15〕 韓康信，〈山東諸城呈子新石器時代人骨〉，《考古》1990 年第一期。

〔註16〕 田昌五、方輝，〈岳石文化與夏商文化〉，《河洛春秋》1991 年第四期。
方輝、崔大勇，〈淺談岳石文化的來源及其族屬問題〉，《中國考古學會第九次年會論文集》1993 年。

〔註17〕 嚴耕望，〈夏代都居與二里頭文化〉，《大陸雜誌》，第六十一卷第五期（民國69 年 11 月），頁 1。此外，董作賓認爲夏禹元年是在西元前 2183 年，商湯元年是在西元前 1751（見《中國年曆總譜》，頁 31 和 58。香港，香港大學出版社，1960 年 1 月）。

〔註18〕 黎家芳，〈山東史前文化在中華遠古文明行成中的地位〉，載於《山東史前文化論文集》（濟南，齊魯書社，1986 年 9 月）。

技術的源泉，〔註 19〕龍山文化晚期出現的饕餮紋，也成為商周青銅文化的主要紋飾之一，〔註 20〕因此山東地區可以說是遠古文化的中心之一。根據文獻記載的傳說史料，及前述蒙文通、徐旭生諸先生的意見，顯示「東夷集團」在傳說時代是一個強大的集團，並曾與夏王朝東西對立，若與考古學的研究成果配合來看，正可顯示東夷集團在遠古時代曾創造出燦爛的文化，並成為中國文明的泉源之一。從歷史和地理形勢看，黃土高原和黃淮平原，大體上可用黃河中游和黃河下游（包括淮河下游）作為分界，在新石器時代基本上可算作兩個文化圈，東部即後來形成的夷人文化圈，西部即後來形成的華夏文化圈，從夏代的夷夏之爭開始，兩個文化圈不斷交流融合，華夏文化的水準逐漸凌駕夷人文化之上，最後是「用夏變夷」，夷人文化為華夏文化所融合。〔註 21〕

　　有關東夷的研究，早期除了上述蒙文通、徐旭生和傅斯年三位學者，以及孫作雲先生發表過幾篇有關鳥氏族的研究〔註 22〕以外，其他相關著作相當貧乏。近年來隨著山東史前考古發掘研究的突飛猛進，發表了許多考古發掘報告、簡報和調查，並出版一些考古報告專書，如《大汶口》、《鄒縣野店》、《膠縣三里河》、《山東史前陶器圖錄》、《日照兩城鎮陶器》、《泗水尹家城》、《兗州西吳寺》等，〔註 23〕從而推動了東夷研究的風氣，目前已出版的有關東夷和東夷文化的論著，有下列幾部：李白鳳著《東夷雜考》、王獻唐著《山

〔註 19〕〔註 15〕　高廣仁、邵望平，〈中華文明發祥地之一──海岱歷史文化區〉，《史前研究》1984 年第一期。

〔註 20〕吳家哲等，〈大汶口──龍山文化原始藝術初探〉，《史前研究》1984 年第四期。

〔註 21〕唐嘉弘，〈東夷及其歷史地位〉，《史學月刊》1989 年第四期，頁 43。

〔註 22〕孫氏有關鳥氏族研究文章如下：
　　〈飛廉考──中國古代鳥族之研究〉，《華北編譯館館刊》第二卷第三、四期（民國 32 年 3 月、4 月）
　　〈后羿傳說叢考──夏時蛇鳥豬鼈四部族之鬥爭〉，《中國學報》第一卷第三、四、五期（民國 33 年 5、6、7 月）
　　〈中國古代鳥氏族諸酋長考〉，《中國學報》第三卷第三期（民國 34 年 3 月）

〔註 23〕山東省文物管理處、濟南市博物館編，《大汶口：新石器時代墓葬發掘報告》（北京，文物出版社，1974 年）。山東省博物館編，《鄒縣野店》（北京，文物出版社，1985 年）。《山東史前陶器圖錄》（濟南，齊魯書社，1985 年）。南京博物院編，《日照兩城鎮陶器》（北京，文物出版社，1985 年）。中國社會科學院考古研究所編，《膠縣三里河》（北京，文物出版社，1988）。山東大學歷史系考古專業教研室編，《泗水尹家城》（北京，文物出版社，1990 年）。國家文物局考古領隊培訓班編，《兗州西吳寺》（北京，文物出版社，1990 年）

東古國考》、逄振鎬著《東夷古國史論》、劉敦愿、逄振鎬主編《東夷古國史研究》第一、二輯、何光岳著《東夷源流史》、王迅，《東夷文化與淮夷文化研究》、李德山著《東北古民族與東夷淵源關係考論》、逄振鎬，《東夷文化研究》。〔註24〕出版的考古學文化論文集和著作，有《大汶口文化討論文集》、《山東史前文化論文集》、《海岱考古》第一輯、《山東龍山文化研究文集》、王迅著《東夷文化與淮夷文化研究》、欒豐實著《東夷考古》、《海岱地區考古研究》。〔註25〕有不少學者，如高廣仁、王錫平、逄振鎬、吳汝祚、王震中、石興邦、嚴文明、唐嘉弘等，對東夷做過相關的研究。〔註26〕這些學者的研究成果豐富，爲古史上的東夷重新整理出一番新貌，對東夷有了更深入的了解。

　　雖然現在東夷文化研究已取得了顯著的成績，但也有學者指出，從目前的研究情況來看，東夷文化的研究還呈現一些不足之處：一是東夷文化的研

〔註24〕 李白鳳，《東夷雜考》（濟南，齊魯書社，1981年9月）；王獻唐，《山東古國考》（濟南，齊魯書社，1983年11月）；逄振鎬，《東夷古國史論》（成都，成都電訊工程學院出版社，1989年）；劉敦愿、逄振鎬主編，《東夷古國史研究》第一、二輯（西安，三秦出版社，1988、1990年）；何光岳，《東夷源流史》（南昌江西教育出版社，1990年8月）；王迅，《東夷文化與淮夷文化研究》（北京，北京大學出版社，1994年4月）；李德山，《東北古民族與東夷淵源關係考論》（長春，東北師範大學出版社，1996年10月）；逄振鎬《東夷文化研究》（濟南，齊魯書社，2007年1月）。

〔註25〕 山東大學歷史系考古專業教研室編，《大汶口文化討論文集》（濟南，齊魯書社，1986年）；山東省齊魯考古叢刊編輯部編，《山東史前文化論文集》（濟南，齊魯書社，1986年）；《海岱考古》第一輯（濟南，山東大學出版社，1989年）；蔡鳳書、欒豐實編，《山東龍山文化研究文集》（濟南，齊魯書社，1992年）；王迅，《東夷文化與淮夷文化研究》（北京，北京大學出版社，1994年4月）；欒豐實，《東夷考古》（濟南，山東大學出版社，1996年5月）；欒豐實，《海岱地區考古研究》（濟南，山東大學出版社，1997年6月）

〔註26〕 高廣仁，〈山東地區史前文化概論〉，載於《山東史前文化論文集》（濟南，齊魯書社，1986年9月）；王錫平，〈膠東半島夏商時期的夷人文化〉，《北方文物》1987年第二期。逄振鎬，〈東夷及其史前文化試論〉，《歷史研究》1987年第三期。逄振鎬，〈論中國古文明的起源與東夷人的歷史貢獻〉，《中原文物》1991年第二期。王震中，〈東夷的史前史及其燦爛文化〉，《中國史研究》1988年第一期。王震中，〈史前東夷族的歷史地位〉，《中國社會科學研究院研究生院學報》1988年第六期。吳汝祚，〈夏與東夷關係的初步探討〉，載於田昌五主編《華夏文明》第一輯（北京，北京大學出版社，1987年）。石興邦，〈我國東方沿海和東南地區古代文化中鳥類圖像與鳥祖崇拜的有關問題〉，載於田昌五、石興邦主編《中國原始文化論集》（北京，文物出版社，1988年6月）嚴文明，〈東夷文化的探索〉，《文物》1988年第一期。唐嘉弘，〈東夷及其歷史地位〉，《史學月刊》1989年第四期。

究尚處在肇始階段，研究不夠深入；二是對東夷文化進行專題研究的還很少；三是對東夷文化做全面系統研究的專著至今未見。〔註27〕目前有關東夷及其文化的研究，大致上較偏重於傳說時代和史前時代，至於商周時代的東夷尚缺乏有系統的研究，本書之撰述旨在補充這方面的不足，以期對東夷文化的發展有進一步的了解。

　　商周時代東夷的歷史發展，隨著政治形勢的轉變歷經幾個不同階段。商代的東夷尚分布於山東、蘇北和淮河一帶，跟商王朝的關係處於有時聯盟有時對立的狀態。周初周公東征，東夷被降服，周人基本上控制了山東地區，但自西周中期起，淮河地區淮夷的勢力崛起，西結漢淮地區的蠻人，東連山東的夷人，對周王朝造成巨大的威脅。進入春秋時代，在列國爭霸的國際形勢下，東夷各邦並未結成強大的聯盟，也沒有強國出現，而逐一被滅。從考古學文化來看，山東、蘇北、淮河一帶，在商周時代已受商周文化的強烈影響，但東夷集團並未同化於殷周民族，相反地在政治軍事上還經常處於對峙的局面，這種現像是相當值得深入探討分析的。

　　本書之撰述分成下列幾章：
　　第一章　「緒論」。
　　第二章　「傳說時代的東夷」。共分二節，第一節是「有關文獻記載的夷、東夷與淮夷」，探討夷字的本義，東夷的族姓邦國，以及東夷一詞內涵的變遷。第二節「傳說時代的東夷」，簡單扼要敘述東夷在傳說時代的發展概況，期對商周以前的東夷有一概略了解。
　　第三章　「商代的東夷」。共分二節，第一節是「商族與東夷的淵源」，旨在討論商族的起源及其與東夷的淵源，探究商族是否為東夷的支族。第二節是「東夷與商王朝的關係」，討論東夷與商王朝的互動關係，包括在封建體制下東夷與商王朝的隸屬關係，以及商王朝之覆亡是否導因於東夷之反叛。
　　第四章　「西周和春秋時代的東夷」。共分三節，第一節是「周初東征與東夷」，討論周初東征與東夷的交戰過程，以及周初封建對東夷的控制程度。第二節是「淮夷與西周王室的關係」，探討東夷與周王朝攻防情勢的轉變，淮

〔註27〕逢振鎬，〈近十年東夷文化研究〉，《中國歷史學年鑑》1991 年（北京，三聯書店），頁93。

夷勢力崛起，成爲周王朝的主要敵國。第三節是「春秋時代的東夷」，討論春秋時代東夷的活動情形。

第五章　「商周時代東夷的考古學文化」共分二節，第一節是「山東地區東夷的考古學文化」，討論商周時代山東地區東夷考古學文化的分布發展狀況。第二節是「淮河地區淮夷的考古學文化」，討論商周時代淮河地區淮夷考古學文化的分布發展狀況。

第六章「結論」，對本書之撰述做個總結，並檢討東夷與夏商周王朝長期對立的原因。

第二章　傳說時代的東夷

第一節　文獻記載的夷、東夷與淮夷

　　古代典籍常將蠻夷戎狄視為文化低落的民族，春秋時代戎狄甚至常被詬罵為禽獸，〔註1〕但蠻、夷、戎、狄四個字的本義是否為貶稱，頗值得商榷。就「夷」字而言，《禮記·王制》曰：

　　　　東方曰夷。

許慎《說文解字》曰：

　　　　夷，從大從弓，東方之人也。

又「羌」字下云：

　　　　東夷，從大，大，人也。夷俗仁，仁者壽，有君子不死之國。

《後漢書·東夷傳》曰：

　　　　夷者，柢也。言仁而好生，萬物柢地而生，故天性柔順，易以道御，

　　　　至有君子不死之國焉。

《論語·憲問》：「原壤夷俟。」皇疏：「夷，踞也。」朱熹集注：「夷，蹲居也。」又《荀子·修身》：「不由禮則夷固僻違庸眾而野。」楊注：「夷，倨也。」王先謙集解：「夷固，猶夷倨也。」《賈子·等齊》亦曰：「織履蹲夷。」馬端臨引《白虎通》對「夷」字有兩解，曰：

<hr/>

〔註1〕管仲曰：「戎狄豺狼，不可厭也；諸夏親暱，不可棄也。」（《左傳》閔公元年）富辰曰：「翟，封豕豺狼也，不可厭也。」（《國語·周語中》）魏絳曰：「戎，禽獸也。」（《左傳》襄公四年）又曰：「勞師於戎，而失諸華，雖有功，猶得獸，而失人也。」（《國語·晉語七》）

夷者，蹲也。言無禮儀。或云：夷者，柢也。言仁而好生，萬物柢
地而生，故天性柔順，易以道御。」〔註2〕

朱駿聲《說文通訓定聲》曰：

夷，東方之人也。東方夷人好戰、好獵，故字從大持弓會意。

依據這些文獻，或曰夷俗仁，或曰夷蹲而無禮儀，或曰夷人好獵，莫衷一是。
甲骨文中不見「夷」字，夷均假「人」爲之，如卜辭中屢次提到「王征人方
（即夷方）」、「隹夷」，夷字均作 ⟨、⟩ 諸形，釋爲「人」。金文中提到東夷，夷
字均作 ⟨、⟩，釋爲「尸」，似乎到了春秋時代夷字始寫作 夷。〔註3〕近代學者
據此對夷字做了精審的考釋，唐蘭指出：尸字是側面而蹲踞的人形，周代把
人方稱爲東夷，尸（夷）和人也只是一聲之轉，一直到現在，山東方言把人
字讀如寅。〔註4〕于省吾也說，商代甲骨文的天、大，均象人之正立形，至於
人字，則象人之側立形，這三個字的構形，有時是互相通用的。〔註5〕陳夢家
認爲夷字之構形，以己爲主要部分，而己者隹射之繳也；由夷字之構形，及
弓矢制作傳說，知夷爲東方隹射之民族，或者以夷隹射鳥禽爲生，故號隹夷，
顏師古所謂善捕鳥者也。〔註6〕李孝定認爲「疑象高坐之形，蓋當時東夷之人
其坐如此。」〔註7〕《甲骨文字典》釋曰：「與 ⟨ 字形相近，以其下肢較彎曲爲
二者之別。象屈膝蹲踞之形。蹲踞與箕踞不同，《說文》：『居，蹲也。』段注：
『……凡今人蹲踞字古只作居──足底著地，而下肢聳其膝曰蹲，屒……原
壤夷俟，謂蹲居而待不出迎也。若箕踞則肢著席而伸其腳于前』。夷人多爲蹲
居與中原之跪坐啓處不同，故稱之爲 ⟨ 人。尸復假夷爲之，故蹲居之夷或作跠、
屒，而尸則借爲屍。」〔註8〕姚孝遂認爲甲骨文、金文「人」與「尸」有別，

〔註2〕 馬端臨，《文獻通考・四夷考・東夷總序》

〔註3〕 春秋晚期的《侯馬盟書》中常有「麻夷（或蠱）非是」之語，意爲誅滅，夷
字作 夷 或 蠱（見《侯馬盟書》，頁30。台北，里仁書局，民國69年10月）。

〔註4〕 唐蘭，〈中國奴隸制社會的上限遠在五、六千年前〉，收入《大汶口文化討論
文集》（山東大學歷史系考古專業教研室編，濟南，齊魯書社，1979年11月），
頁135。

〔註5〕 于省吾，〈釋從天從大從人的一些古文字〉，《古文字研究》，第十五輯（1986
年6月），頁185。

〔註6〕 陳夢家，〈隹夷考〉，《禹貢》，第五卷第十期（民國25年7月），頁17。

〔註7〕 李孝定，《甲骨文字集釋》（中央研究院歷史語言研究所專刊之五十，中央研
究院歷史語言研究，民國80年），頁2745。

〔註8〕 徐中舒主編，《甲骨文字典》（成都，四川辭書出版社，1993年），頁942。

尸亦用爲夷，尸象蹲踞之形。〔註9〕

　　綜合以上的討論，夷（尸）的本字應即是"人"，其象蹲踞之形或與夷人的習俗有關，可能後來爲了與"人"字有所區別，後世才造出"夷"字。《侯馬盟書》的夷字，象弓矢繫繳之形，它的字形可能是依東夷的文物特徵而造，其本字應無貶義。〔註10〕

　　「東夷」一詞出現頗晚，《左傳‧哀公十九年》：「秋，楚沈諸梁伐東夷，三夷男女及楚師盟于敖。」在此之前，史籍中大凡涉及東夷，一般均以一字稱之，曰「夷」。如《古本竹書紀年》載：「（帝發）元年，諸夷賓于王門，諸夷入舞。」《禮記‧王制》曰：「東方曰夷」等等。東夷之「東」是一個方位詞，就是東方之東，用以確指夷人的居住區域。

　　本文所要討論的東夷，是古史上的一個部族集團，〔註11〕他們分布於山東、蘇北、皖北一帶，在夏、商、周三代經常與中原王朝發生衝突。依據典籍的記載，東夷的成員主要是由風姓的太皞（昊）氏和嬴姓的少皞氏的後裔所構成，另外還包括一些其他氏姓國家，如萊（姜姓或子姓）、蒲姑（姓氏不詳）、莒（己姓）、邾（曹姓）等。太皞氏都於陳（河南淮陽縣），其後裔有任（山東濟寧縣）、宿（山東東平縣東）、須句（山東東平縣西北）、顓臾（山東費縣西北），都在今山東省境內。〔註12〕

　　少皞氏，據《世本‧氏姓篇》和《路史‧後紀七》所載，其後裔蕃衍茲多，又派生爲嬴（盈）、偃二姓。〔註13〕嬴姓，郯（山東郯城縣）、奄（山東

〔註9〕于省吾主編，《甲骨文字詁林》（北京，中華書局，1996年），頁12。

〔註10〕此外，崔述謂：「蓋夷猶裔也，裔猶邊也。」（《豐鎬考信別錄卷之三‧周制度雜考》，頁8）。郭沫若謂：「揆其（指尸）初意，蓋斥異族爲死人，猶今人之稱爲鬼也，後乃通改爲夷字。」（《兩周金文辭大系考釋》，台北，大通書局，十五頁）。凌純聲認爲夷之義爲海，凡濱海之人皆可曰夷（〈中國古代海洋文化與西洲地中海〉，《海外雜誌》，第3卷第10期，民國43年5月，頁8）。王獻唐曰：「夷之字形出於踞，夷之得音出於尾，皆指蹲踞繫尾之夷而言。」（〈人與夷〉，《中華文史論叢》，1982年第1期，頁212）。

〔註11〕人類族群組織的發展經過那些階段，人類學家的見解不太一致，本文依徐旭生的看法，將古代的東夷列爲部族。參閱徐旭生，《中國古史的傳說時代》，第二章〈我國古代部族三集團考〉（北京，科學出版社，1959年修訂版。民國32年初版）。

〔註12〕參見《左傳》及杜注。陳見於隱公三年，宿見於隱公元年，任、須句、顓臾見於僖公二十一年。《左傳》昭公十七年：「陳，太皞之虛也。」《左傳》僖公二十一年：「任、宿、須句、顓臾，風姓也，實司太皞與有濟之祀。」

〔註13〕《路史‧後記七》云少皞氏紀姓，恐不正確，因爲少皞氏之後爲嬴姓，他本

曲阜縣）、譚（山東歷城縣）、費（山東費縣），在魯境；鍾吾（江蘇宿遷縣），
在江蘇；徐（安徽泗縣）、鍾離（安徽鳳陽縣）、淮夷（分布於淮河兩岸），在
皖境；江（河南正陽縣）、黃（河南潢川縣）、葛（河南寧陵縣）、東不羹（河
南舞陽縣）、西不羹（河南襄城縣），在豫境；穀（湖北穀城縣）、郢（湖北鍾
祥縣）、麋（湖北鄖縣），在鄂境；秦、梁（陝西韓城縣），在陝境；趙（山西
洪洞縣）在晉境。偃姓，英（安徽六安縣）、六（安徽六安縣）、桐（安徽桐
城縣）、群舒（舒、舒庸、舒鳩、舒蓼、舒龍、舒龔、宗、巢等，分布於安徽
舒城縣至廬江縣一帶），在皖境，絞（湖北鄖縣）、貳（湖北應縣），在鄂境。

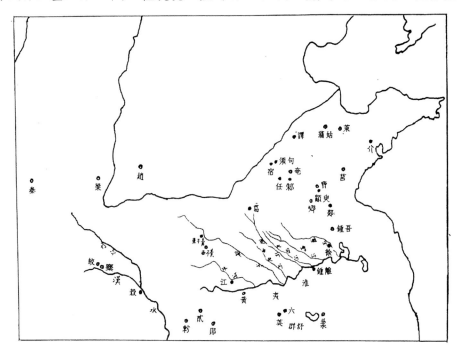

圖二：東夷各國分布圖

　　根據以上的說明，可見東夷的分布中心是在山東和安徽北部一帶，兼及
豫東、蘇北、湖北、山西和陝西，其分布範圍相當廣大（見圖二）。除此之外，
還有一些邦國已不可考，例如據《史記・秦本紀》所載：

> 秦之先為嬴姓，其後分封以國為姓。有徐氏、郯氏、莒氏、終黎氏、
> 運奄氏、菟裘氏、將梁氏、黃氏、江氏、脩魚氏、白冥氏、蜚廉氏、
> 秦氏。

身應亦是嬴姓，而非紀姓。

這裏面有一些邦國已不詳其所在地。另外，陳槃認爲犬戎是東夷之一的「犬夷」，夏桀時代始遷豳、岐之間，而爲西戎。〔註14〕大致而言，東夷風、偃部族以古濟水爲界，散居於黃淮平原的南半部，遠及漢水流域。根據史前聚落的考古研究，在龍山文化期，華北平原的南部黃河淤泥堆積而成的地勢較高，水患較少，聚落的分布較平原北部普遍，〔註15〕東夷部族集團的分布情形，似乎正與此一狀態吻合。

東夷是東方夷人的總稱，它所包含的部族不一，再加上時間、地域的差異，在典籍以及甲骨、金文中，也就出現許多不同名稱，如鳥夷、萊夷、九夷、淮夷、徐夷等。鳥夷，《尚書·禹貢》曰：「（冀州）島夷皮服」，「島」字蓋「鳥」之誤，《史記·夏本紀》、《漢書·地理志》、《大戴禮·五帝德》俱作鳥，《史記集解》引鄭玄注曰：「鳥夷，東北方之民，博食鳥獸者。」揚州亦有鳥夷。萊夷，《尚書·禹貢》：「（青州）萊夷作牧」，在山東北部。九夷，《論語·子罕》：「子欲居九夷」，《竹書紀年》載夏后芬三年，「九夷來御，曰畎夷、于夷、方夷、黃夷、白夷、赤夷、玄夷、風夷、陽夷。」〔註16〕都是指夷人種類眾多。此外，〈師酉設〉、〈訇設〉銘文亦記有各類夷人，如西門夷、京夷、服夷等，〔註17〕似乎也是東夷的支裔。

商周時代廣義的東夷包括山東地區的夷人和淮河地區的淮夷，有關淮夷的起源、遷徙、分布區域及其所包含邦國，是相當複雜的問題。據《路史·國名紀二》淮夷爲嬴姓，則淮夷當爲少皞氏之後，其起源地似在山東。〔註18〕據古本《竹書紀年》所載，夏代「（帝相）元年，征淮夷。」〔註19〕似乎夏代已有淮夷。《後漢書·東夷傳》曰：

　　武乙衰敝，東夷寖盛，遂分遷淮、岱，漸居中土。

據《後漢書》之言，淮夷似在商代晚期遷居淮河地區，但近人則謂淮夷是在

〔註14〕陳槃，《春秋大事表列國爵姓及存滅表譔異》，冊二，頁514（台北，中央研究院歷史語言研究所，民國58年4月）
〔註15〕王妙發，〈黃河流域的史前聚落〉，《歷史地理》第6輯（1988年9月），頁78。
〔註16〕《太平御覽》卷七八○〈四夷部〉引。
〔註17〕郭沫若，《兩周金文辭大系考釋》，頁88。郭沫若，〈訇簋考釋〉，《文物》1960年第二期。
〔註18〕陳夢家謂：「夷民族發源於東北，是爲佳夷；沿海南下，止于青州之嵎若萊者爲嵎夷萊夷，止于梁州之和者爲和夷，止于徐州者爲徐夷，止于淮泗者爲淮夷。」（見〈淮夷考〉，《禹貢》第五卷第十，頁17、18）。
〔註19〕《太平御覽》卷八二〈皇王部〉引。

周初東征，受周人壓迫之後才遷徙淮河地區。〔註 20〕關於淮夷的分布區域，學者的見解也是眾說紛紜，〔註 21〕大致上應是位於淮河兩岸。卜辭中有如下一個片子：

　　乙巳卜，叀〔東隹尸〕

　　〔乙巳卜，叀南隹尸〕

　　乙巳卜，叀西隹尸

　　乙巳卜，叀北隹尸（圖三）。〔註22〕

圖三：隹夷卜辭

（採自羅振玉，《殷虛書契後編》卷下 36.6）

隹尸即淮夷，隹字加上水字旁即是"淮"。由於卜辭中只有這麼一個片子，所以有些問題無法解釋，例如隹夷是指某個地區的夷人或是所有的夷人，東、南、西、北是以什麼地區為中心來劃分。

〔註20〕顧頡剛據《詩經·魯頌·閟宮》，謂魯人經龜、蒙二山可到淮夷，是淮夷在魯國之東，即今濰水一帶，周初東征之後陸續遷至安徽的淮水流域，至春秋時代濰水流域仍有淮夷（見〈徐和淮夷的遷、留──周公東征史事考証四之五〉，《文史》第三十二輯，頁 1～28，1990 年 3 月）。何光岳亦持相同看法（見〈淮夷史考〉，《安徽史學》1986 年第二期）。

〔註21〕清代學者顧棟高謂淮夷當在今江蘇省淮安縣與漣水縣之間（見《春秋大事表》第三十九），其範圍過於狹仄。王應麟謂淮夷之地不一，徐州有之，則在淮北；揚州有之，則在淮南，不止一種（見〈詩地理考〉卷五）。

〔註22〕羅振玉，《殷虛書契後編》卷下 36‧6（臺北，藝文印書館，民國 48 年）

「淮夷」是對淮河流域夷人邦國的泛稱，它包含那些成員不得而知，《駒父盨》蓋銘文謂淮夷「小大邦」，顯示淮夷邦國的數目不少，〈宗周鐘〉銘文曰：

> 南夷東夷具見，廿又六邦。〔註23〕

在此雖不見「淮夷」一詞，但淮夷各邦應包括在內，典籍中的群舒、桐、英、六、江、黃等國，或許就是部分的淮夷邦國。商代晚期帝乙、帝辛時代曾征伐夷方，夷方位於淮水流域一帶，它大概是淮夷中的一個重要方國（詳見第三章第二節）。就金文資料所見，〈翏生盨〉銘文曰：

> 王征南淮夷，伐角、津，伐桐、遹。〔註24〕

〈噩侯鼎〉銘文曰：

> 王南征，伐角、訊。〔註25〕

兩件金文所載，比典籍增加了角、津、遹、訊四國。

徐，有時稱爲徐夷、徐戎或徐方，通常被視爲淮夷的一員，但在幾處文獻中，徐是與淮夷分開稱呼的。《尚書・費誓》曰：

> 徂茲，淮夷、徐戎並興。

在此徐與淮夷對稱，似乎徐並不包含在淮夷之內。《春秋》昭公四年：

> 夏，楚子、蔡侯、陳侯、鄭伯、許男、徐子、滕子、頓子、沈子、
>
> 小邾子、宋世子佐、淮夷會于申。

在此徐也是與淮夷分開稱呼。因此，徐與淮夷的關係，尚有待進一步的討論。〔註26〕

　　概括說來，東夷的整體分布範圍相當廣大，但隨著時代不同，其分布情形也有所變化。在殷商時代，山東地區大致上爲夷人分布之地，重要的夷人邦國有奄、蒲姑、萊、徐、郯、莒等，淮河地區也散布著一些夷人方國，如卜辭中所出現的夷方、林方等。在西周時代，經過周初的東征，山東地區一些東夷國家如奄、蒲姑等被滅，夷人勢力退至臨淄—滕縣一線以東，淮夷的勢力則自西周中期開始強大起來，群舒大概也在這時建國。春秋時代東夷的分布情形大致與西周時代相同。

〔註23〕郭沫若，《兩周金文辭大系考釋》，頁51。

〔註24〕馬承源，〈關於翏生盨和者減鐘的幾點意見〉，《考古》1979年第一期，頁6。

〔註25〕郭沫若，《兩周金文辭大系考釋》，頁107。

〔註26〕李白鳳認爲徐擁有自己的特殊文化，不僅與山東的奄、郯、莒不是同族，而且和近鄰的淮夷也不相同（見《東夷雜考》「徐夷考」，濟南，齊魯書社，1981年9月）。

　　根據文獻、卜辭和金文，古史上東夷的分布狀況大抵如上所論，但在文獻之中，「夷」字除了被用來指稱東夷部族集團之外，有時也作爲中原周邊民族的泛稱，或東方民族的通稱，其含義相當複雜，隨著時代不同，其內含也跟著發生一些變化。例如古代典籍常將東夷、西戎、南蠻、北狄分列四個方位，但在較早的文獻中，夷有時可以作爲中原周邊民族的泛稱，例如《左傳》莊公三十一年曰：「凡諸侯有四夷之功，則獻于王，王以警于夷，中國則否。」孔子曰：「吾聞之：『天子失官，學在四夷。』猶信！」〔註27〕又曰：「裔不謀夏，夷不亂華。」〔註28〕《國語・周語中》：「德以柔中國，刑以威四夷。」這些都是夷可以作爲四方周邊民族泛稱之例。〔註29〕

　　將東夷、西戎、南蠻、北狄分列四個方位，似乎是較後起的說法。《墨子・節葬下》曰：「堯北教乎八狄，……舜西教乎七戎，……禹東教乎九夷。……」《管子・王言》進一步曰：「東夷、西戎、南蠻、北狄，中國諸侯。」此後，《禮記・王制》、《大戴禮記・千乘》、《白虎通・禮樂》等書有更詳細的配置。〔註30〕這些典籍的成書年代，大約在戰國至兩漢之間，顯示此一觀念的起源甚遲。清代學者崔述認爲蠻夷乃四方邊族的總稱，戎狄是蠻夷種類部落之號。〔註31〕有的學者進一步指出，在古代典籍和甲骨、金文中，夷蠻戎狄各遍布四方，並無劃分方位之制，以夷蠻戎狄配屬東南西北，是戰國以後才有的觀念。〔註32〕

　　在夏、商、西周、春秋時代，東夷係指山東、蘇北、皖北的夷人，但隨著東夷部族在春秋時期逐漸融入華夏文化之中，以及中國疆域與文化圈逐漸

〔註27〕《左傳》昭公十七年。

〔註28〕《左傳》定公十年。

〔註29〕此外，《公羊傳》僖公四年載陳國軒濤塗謂齊桓公：「君既服南夷矣，何不還師濱海而東服東夷？」《孟子・梁惠王上》：「蒞中國而撫四夷。」《孟子・盡心下》：「東面而征西夷怨」、「南面而征北夷怨」，均表明夷字可作爲四方周邊民族的泛稱。

〔註30〕《禮記・王制篇》：「東方曰夷，被髮文身，有不火食者矣。南方曰蠻，雕題交趾，有不火食者矣。西方曰戎，被髮衣皮，有不粒食者矣。北方曰狄，衣羽衣，穴居，有不粒食者矣。」《大戴禮記・千乘篇》：「東辟之民曰夷，精以僥。南辟之民曰蠻，信以朴。西辟之民曰戎，勁以剛。北辟之民曰狄，肥以戾。」《白虎通・禮樂篇》：「東方爲九夷，南方爲八蠻，西方爲六戎，北方爲五狄。」

〔註31〕崔述，《豐鎬考信別錄卷之三・周制度雜考》，頁8（見《考信錄》，臺北，世界書局，民國68年10月）。

〔註32〕童疑，〈夷蠻戎狄與東南西北〉，《禹貢半月刊》，第七卷第十期（民國26年7月），頁11～16。

擴大之後，「東夷」一詞的內含也另有所指，《逸周書・王會解》所提到的東北夷，有良夷、俞人、青丘、周頭、黑齒等。正史之中，首列〈東夷傳〉的是范曄的《後漢書》，其所述各國：夫餘、高勾驪、東沃沮、濊、三韓、倭，俱在今之東北及日、韓。自《後漢書》至《新唐書》，各史書大多列有〈東夷傳〉，〔註33〕其內容與《後漢書・東夷傳》大致相同，而與上古時代東夷的分布範圍顯然有很大的差異，可見隨著華夏文化圈的擴大，學者對於「東夷」的概念也產生了極大的變化。

第二節　傳說中的東夷事蹟

　　圖騰崇拜是初民社會的普遍現象，遠古時期中國也出現過這種情形，〔註34〕依據文獻資料，參酌近代學者的理論，則東夷主要是以鳥為圖騰，《左傳》昭公十七年記郯子答魯昭公之言曰：

> 我高祖少皞摯之立也，鳳鳥適至，故紀於鳥，為鳥師而鳥名：鳳鳥氏，
> 歷正也；玄鳥氏，司分者也；伯趙氏，司至者也；青鳥氏，司啟者也；
> 丹鳥氏，司閉者也；祝鳩氏，司徒也；鴡鳩氏，司馬也；鳲鳩氏，司
> 空也；爽鳩氏，司寇也；鶻鳩氏，司事也。五鳩，鳩民也。五雉為五
> 工正，利器用、正度量，夷民者也。九扈為九農正，扈民無淫者也。

少皞氏這個部落集團以鳥名官，反映出他們是以鳥為圖騰。太皞氏風姓，甲骨文中鳳字借為風，〔註35〕李宗侗推測太皞氏以鳳為圖騰，少皞氏屬風姓支圖騰團。〔註36〕孫作雲認為古代東方民族在共同以鳥為圖騰之下，又分為(1)鳳鳥；(2)玄鳥；(3)伯勞；(4)青鳥；(5)丹鳥；(6)五鳩，在五鳩之中又分為①祝鳩，②鴡鳩，③鳲鳩，④爽鳩，⑤鶻鳩；(7)五雉；(8)九扈，在部族之下又分為許多支族，例如鳩、雉、鷹是部族，而五鳩、五雉、九扈便是支族，由此可知東方鳥族在當時是一個相當強大又分布很廣的部落群。〔註37〕趙鐵寒依

〔註33〕《三國志・魏書》、《隋書》、《舊唐書》、《新唐書》都列有〈東夷傳〉。《晉書》、《宋書》、《南齊書》、《梁書》、《南史》，則使用「東夷」一詞。

〔註34〕參閱李宗侗，《中國古代社會史》（據原著《中國古代社會新研》改寫而成，民國 28 年。台北，華岡出版有限公司，民國 43 年 7 月）。

〔註35〕董作賓，《甲骨文斷代研究例》（中央研究院歷史語言研究所專刊之五十附冊，民國 54 年），頁 103。

〔註36〕李宗侗，前引書，頁 11～12。

〔註37〕孫作雲，〈中國古代鳥氏族諸酋長考〉，《中國學報》，第三卷第三期（民國 34

據北美毛希堪人的圖騰分級組織，將太皞的鳳作爲圖騰組織的第一級，其下分爲鳳部、鳩部、雉部、扈部等四部，其分類如下表：〔註38〕

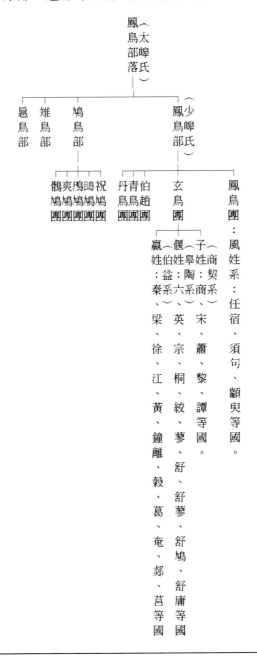

年3月）。

〔註38〕趙鐵寒，〈少皞氏與鳳鳥圖騰〉，收入《古史考述》（台北，正中書局，民國54年10月）。

　　石興邦也認爲少皞氏部落中，大圖騰中包括小圖騰集團，形成一個鳥圖騰氏族部落社會的三部組織，即部落（少皞氏）、胞族（五雉、五鳥）和氏族（二十四官職），其分類如下表：〔註39〕

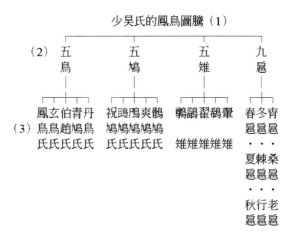

少昊氏的鳳鳥圖騰（1）

|（2） | 五鳥 | 五鳩 | 五雉 | 九扈 |

|（3）| 鳳玄伯青丹
鳥鳥趙鳩鳥
氏氏氏氏氏 | 祝鵙鳲爽鶻
鳩鳩鳩鳩鳩
氏氏氏氏氏 | 鶪鶪翟鶌翬
雉雉雉雉雉 | 春多宵
扈扈扈
…
夏棘桑
扈扈扈
…
秋行老
扈扈扈 |

　　綜合典籍記載以及近代學者的研究，可以推測東夷民族以鳥爲圖騰，在遠古時代是一個勢力相當強大的部落集團。

　　遠古時期，氏族、部族林立，他們或和平相處相互聯姻，或相互攻伐，甚至形成大小不一的集團爭鬥，古代典籍有不少這類的記載。在現代民族學觀念尙未引進到中國來之前，對於這些現象只能做泛泛敘述，而未能發掘其深層意義，司馬遷的《史記・五帝本紀》依大一統的觀念，把許多古帝王編成以黃帝爲首的大家族，使古代氏族社會眞相愈爲湮沒不彰。近代學者根據典籍資料，並參之以民族學研究成果，將古史傳說人物劃分爲數個集團，並論其發展過程。蒙文通首將中國古代民族分爲三大系統：

　　（1）江漢民族：共工、炎帝、蚩尤、三苗等。
　　（2）河洛民族：黃帝、顓須、堯、舜、禹等。
　　（3）海岱民族：伏羲、女媧、少昊、九夷、淮夷、群舒等。

　　並認爲中國古代文化導源於東方。〔註40〕徐旭生也將上古民族分成三大部族集團：

〔註39〕石興邦，〈我國東方沿海和東南地區古代文化中鳥類圖像與鳥祖崇拜的有關問題〉，載於田昌五、石興邦主編：《中國原始文化論集》（北京，文物出版社，1988 年 6 月）。
〔註40〕蒙文通，《古史甄微》（上海，商務印書館，民國 22 年。台灣商務印書館重印），頁 62。

（1）華夏集團：炎帝、黃帝、共工、顓須、夏、周。

（2）東夷集團：太皡、少皡、蚩尤、皋陶、后羿、商。

（3）苗蠻集團：三苗、驩兜、祝融（見圖四）。

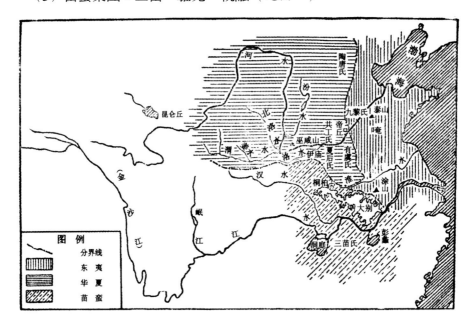

圖四：傳說時代氏族部落分布圖

（採自徐旭生，《中國古史的傳說時代》，頁 65）

而謂華夏集團發祥於今陝西省的黃土高原，然後逐漸順著黃河兩岸散佈
於北方及中部部分地區；東夷集團的分布區域北自山東南部，西至河南東部，
西南至河南極南部，南至安徽中部，東至海；苗蠻集團的分布中心在今日的
湖北、湖南兩省。三個集團很早即相遇，彼此曾經發生過劇烈的戰爭，但他
們平時大概以和平相處爲常態，戰爭狀態是暫時性的。〔註41〕

傳說中的堯、舜、禹古帝王，大概處於部落聯盟時期，東夷爲一強大的部
族集團，與華夏集團的接觸日益頻繁，經常發生衝突，至夏初達到高峰。堯屬
華夏集團，舜爲東夷之人，堯舜禪讓傳爲千古美談。但也有的典籍記載不同的
說法，例如《韓非子·說疑篇》謂「舜逼堯，堯逼舜」，《竹書紀年》謂「昔堯
德衰，爲舜所囚」，〔註42〕或引作「舜囚堯于平陽，取之帝位」〔註43〕、「舜放

〔註41〕徐旭生，〈我國古代部族三集團考〉，《中國古史的傳說時代》第二章（民國 32
　　　年初版。民國 48 年修訂出版。北京，科學出版社）。

〔註42〕《史記·五帝本紀》正義引。

堯於平陽」，〔註44〕似乎堯舜禪讓的背後隱含著東西相爭的史影。〔註45〕此外，《韓非子・外儲說右篇》云，堯欲傳天下於舜，鯀、共工反對，而被堯誅殺；《呂氏春秋・恃君覽・行論篇》載鯀反對堯傳天下給舜，被舜殛於羽山，這似乎是西方部族與東方部族對立的自然流露，而堯以盟主的地位，斷然不顧少數部落領袖的反對，把領導權讓給「東夷之人」的舜，反映了東西兩系民族進一步融合的史影。〔註46〕

　　在古史傳說中，舜傳位於禹，禹傳位於伯益，而伯益讓位於禹之子啓，但《竹書紀年》謂：「益干啓位，啓殺之」，〔註47〕《戰國策・燕策》云：「禹授益，……啓與支黨攻益而奪之天下。」根據這些記載，似乎禹死之後，益與啓之間經過了一番鬥爭，王位才被啓取得。夏部族是屬於華夏集團，伯益有的學者認爲他是東夷人，〔註48〕啓奪益位顯示華夏集團與東夷集團曾經歷一次嚴重的衝突。

　　夷夏之爭到了夏初更爲激烈，啓之子太康時，來自東方方的有窮氏后羿奪取夏的政權，后羿又被其部下寒浞弑殺，最後后相之子少康中興夏王朝。后羿滅夏，以及以後所發生的一連串事件，是古史上的重大史事，所以《左傳》、《楚辭》等典籍均有相關的記載。《左傳》襄公四年載魏絳謂晉悼公之言曰：

　　　　昔有夏之方衰也，后羿自鉏遷于窮石，因夏民以代夏政。恃其射也，
　　　　不脩民事，而淫于原獸，棄武羅、伯因、熊髡、尨圉，而用寒浞。

〔註43〕《廣弘明集》卷一一法琳〈對傅奕廢佛僧事〉所引。
〔註44〕《史通・疑古篇》引。
〔註45〕當代學者對於堯舜傳說的討論，可分成兩大派，疑古的學者如顧頡剛，認爲本無其事，係出諸後人的假託；而相信堯舜禪讓傳說在古代曾經發生過的學者，又有不同的解釋，如夏曾佑、錢穆、郭沫若、李宗侗主張這是古代的「王位」選舉制度，蒙文通則以爲出於爭奪，黎東方認爲是古代部落領袖的「二頭制」，姜蘊剛主張是以「爭豪」的方式決定領導權的辦法。王師仲孚歸納各家說法，主張這是部落同盟的氏族社會時代，產生盟主的一種方式，以「選舉說」來解釋堯舜禪讓，似乎更能符合遠古社會的眞象，「選舉首領時代」，原是我國自初民社會以來，政權變化中曾經經過的一個重要階段（參閱〈堯舜傳說試釋〉，《國立台灣師範大學歷史學報》第七期，民國68年5月，頁15～16）。
〔註46〕朱雲影，《中國上古史講義》（國立台灣師範大學歷史系鉛印本）。
〔註47〕《晉書・束晳傳》引。
〔註48〕見傅斯年，〈夷夏東西說〉（《慶祝蔡元培先生六十五歲論文集》下冊，中央研究院歷史語言研究所，民國24年）、楊寬，〈伯益考〉（《齊魯學報》第一號，民國30年1月）、孫作雲，〈中國古代鳥氏族諸酋長考〉（《中國學報》第三卷第三期，民國34年3月）。

寒浞，伯明氏之讒子弟也，伯明后寒棄之，夷羿收之，信而使之，以爲己相。浞行媚于内，而賂于外，愚弄其民，而虞羿于田。樹之詐慝，以取其國家，外内咸服。羿猶不悛，將歸自田，家眾殺而亨之，以食其子，其子不忍食諸，死于窮門。靡奔有鬲氏。浞因羿室，生澆及豷，恃其讒慝詐僞，而不德于民，使澆用師，滅斟灌及斟尋氏。處澆于過，處豷于戈。靡自有鬲氏，收二國之燼，以滅浞而立少康。少康滅澆于過，后杼滅豷于戈，有窮由是遂亡，失人故也。

《左傳》哀公元年亦載伍員謂吳王夫差曰：

昔有過澆殺斟灌以伐斟鄩，滅夏后相，后緡方娠，逃出自竇，歸于有仍，生少康焉。爲仍牧正，惎澆能戒之。澆使椒求之，逃奔有虞，爲之庖正，以除其害，虞思於是妻之以二姚，而邑諸綸，有田一成，有眾一旅，能布其德，而兆其謀，以收夏眾，撫其官職，使女艾諜澆，使季杼誘豷，遂滅過、戈，復禹之績，祀夏配天，不失舊物。

《楚辭·離騷》曰：

羿淫遊以佚畋兮，又好射夫封狐。固亂流其鮮終兮，浞又貪夫厥家。澆身被強圉兮，縱欲而不忍。日康娛而自忘兮，厥首用夫顛隕。

《楚辭·天問》載：

帝降夷羿，革孽夏民。胡射夫河伯，而妻彼雒嬪？馮珧利決，封豨是射。何獻蒸肉之膏，而后帝不若？浞取純狐，眩妻爰謀。何羿之射革，而交吞揆之？……鼇戴山抃，何以安之？釋舟陵行，何以遷之？惟澆在戶，何求于嫂？何太康逐犬，而顛隕厥首？女歧縫裳，而館同爰止，何顛易厥首，而親以逢殆？湯謀易旅，何以厚之？覆舟斟尋，何道取之？

綜合典籍記載，整個事件的大致經過，是太康之時夏王朝陷於衰亂，東夷大君后羿乘機攻滅夏王朝，並殺掉河伯、封豨，任寒浞爲相；后羿取代夏的政權之後，耽於田獵淫樂，寒浞乃勾結后羿妻子雒嬪和后羿的家眾，殺了后羿取而代之。寒浞與雒嬪生下二子澆、豷，澆滅斟灌、斟鄩和夏后相，后相之妻后緡逃至有仍，生下少康，少康長成後澆使人追索他，少康乃逃至有虞；夏之舊臣靡收容夏之遺民滅掉寒浞，復立少康（依伍員之言，則是少康自己招撫夏遺民，而中興夏王朝），少康滅澆，其子季杼滅豷，而恢復夏王室。

夷夏之爭在夏初格外激烈，顯示出極不尋常的意義，以下試就幾點來分析：

（1）首先這與夏王朝的建立和王權的擴張有關。氏族時代部落聯盟經過長期發展，盟主的權力愈來愈集中，大禹治平洪水和征服三苗，使盟主的權力更爲增加，對於夏代的肇建與王權的形成，實有促成之功。〔註49〕東夷是一個強大的部族集團，大禹將盟主之位傳給東夷的領袖伯益，仍是遵循氏族社會的傳統，但此時王權擴張，原始國家的規模已告肇建，〔註50〕夏后氏成爲當時最具權勢的部族，啓及其同盟攻殺伯益，顯示啓欲自建一個王朝，不願依照舊傳統，將王位禪讓他族。夏王朝雖告建立，但王權基礎未臻穩固，啓去世之後，東夷大君后羿乘機率領東夷集團驅走太康兄弟，「因夏民以代夏政」，這反映出在中國王朝肇建的時期，東夷集團似乎與夏后氏在政治的領導權方面，曾發生過激烈的衝突。

（2）從考古學文化來看，山東地區的考古學文化自成一個系統，其發展序列依次是北辛文化→大汶口文化→山東龍山文化→岳石文化（約相當於夏代），不少學者認爲這是夷人文化。河南地區的考古學文化發展序列大致上是：仰韶文化→河南龍山文化→二里頭文化（約相當於夏代）。兩個文化圈勢必會透過族群遷徙、商業往來，而逐漸相互融合，甚至亦會因種族、文化的差異或政治、軍事上的利害關係，而爆發種種衝突。

（3）關於這段史事，孫作雲透過圖騰的研究，認爲夏是蛇族、后羿是鳥族，河伯、寒浞是豬族，雒嬪、澆是黿族，夏初數十年的混亂，便是蛇、鳥、豬、黿四族的鬥爭史〔註51〕。孫氏的研究，點出當時集團聯盟鬥爭的複雜性。根據典籍所載，與東夷有密切關係的氏族有斟灌、斟鄩、有過、有戈等；與夏后氏有密切關聯的有有鬲、有仍、有虞等。在夏后氏與東夷族的衝突過程中，不少相關與國皆受波及，寒浞甚至殺掉東夷大君后羿取而代之，以後的「少唐中興」似乎也只針對寒浞一族，此時東夷族在這一事件中採取何種態度，似乎有待進一步的探索。

夏之中興大約到少康之子后杼滅豷，才眞正告一段落。《國語・魯語》曰：「杼能帥禹者，夏后氏報焉；上甲微能帥契者，商人報焉。」以杼與上甲微並

〔註49〕梁啓超，〈太古及三代載紀〉，《國史研究六篇》，頁 27（台北，台灣中華書局，民國 45 年）

〔註50〕王師仲孚，〈大禹與夏初傳說試釋〉，《國立台灣師範大學歷史學報》第八期（民國 69 年 5 月），頁 27。

〔註51〕孫作雲，〈后羿傳說叢考——夏時蛇鳥豬黿四部族之鬥爭〉，《中國學報》第一卷第三、四、五期（民國 33 年 5、6、7 月）

舉，乃是因為杼中興了夏代，如同上甲微中興了商族一般。〔註52〕此後夏王朝的政權臻於穩固，但與東夷的關係依舊非常密切，《竹書紀年》有如下的記載：

> 少康即位，方夷來賓，〔註53〕
>
> 柏杼子征于東海及王壽，得一狐九尾。〔註54〕
>
> 后芬即位，三年，九夷來御，曰畎夷、于夷、方夷、黃夷、白夷、赤夷、玄夷、風夷、陽夷。〔註55〕
>
> 后荒即位，元年，以玄珪賓于河，命九東狩于海，獲大鳥。〔註56〕
>
> 后泄二十一年，命畎夷、白夷、赤夷、玄夷、風夷、陽夷。〔註57〕
>
> 后發即位，元年，諸夷賓于王門，再保庸會于上池，諸夷入舞。
>
> 〔註58〕

所謂「柏杼子征于東海」，后荒「命九東狩于海」，應即是對東夷的討伐。其他所謂「命」諸夷或諸夷賓于王門，似乎也是東夷族臣服於夏王朝的現象。

在夏代，夷夏之爭終由夏人佔得上風，但東夷族依舊保持強大的實力，未完全屈從或同化於夏王朝，爾後在商周時代，東夷仍然與商周王朝保持對峙的局面，彼此經常發生衝突，傅斯年對此一現象做了如下的分析：

> 在三代及三代以前，政治的演進由部落到帝國，是以河、濟、淮流域為中心，這裡的地理形勢只有東西之分，並無南北之限，夷與商屬於東系，夏與周屬於西系，在由部落進為帝國的過程達到相當高階段時，這樣的東西二元局勢，勢非混合不可，於是起于東者，遂逆流壓迫西方，起于西者，順流壓迫東方，東西對峙，而相爭相滅，便是中國的三代史。〔註59〕

河南、山東一帶是古代歷史文化的重心所在，東夷與夏商周王朝在這個地區不斷相爭相滅，這種現象格外引人注目，它也形成了三代民族發展史的主流之一。

〔註52〕 王師仲孚，〈大禹與夏初傳說試釋〉，頁26。
〔註53〕《後漢書・東夷傳》注引。
〔註54〕《山海經・海外東經》注引。
〔註55〕《太平御覽》卷七八○〈四夷部〉引。
〔註56〕《北堂書鈔》卷八九〈禮儀部〉引。
〔註57〕《後漢書・東夷傳》注引。
〔註58〕《北堂書鈔》卷八二〈禮儀部〉引。
〔註59〕 傅斯年，〈夷夏東西說〉，《慶祝蔡元培先生六十五歲論文集》下冊。

第三章　商代的東夷

第一節　商族與東夷的淵源

　　商代是我國歷史上第二個王朝，有關商族起源於何處，是學術界聚訟紛紜的一個問題。商族究係「西方」民族，抑或「東方」民族？它與東夷的關係如何？這些都與本文密切相關，在此有必要對這項問題做一番探討。文獻上對於成湯以前，商族先公活動的記載相當簡略，《荀子‧成相》曰：

　　　　契玄王，生昭明，居於砥石遷於商。

《史記‧殷本紀》載：

　　　　殷契，母曰簡狄，有娀氏之女，爲帝嚳次妃。三人行浴，見玄鳥墮
　　　　其卵，簡狄取吞之，因孕生契。……契佐禹治水有功，封於商，賜
　　　　姓子氏。……自契至湯八遷，湯始居亳，從先王居。

以上各種典籍中，提到商族先公先王活動的地點有商、蕃、砥石、亳等，有關這些地名的地望學者考據頗多，但由於見解不一，從而對於商族起源的看法也產生相當大的紛歧。本文擬將學者的見解先分項條列敘述，再加以檢討分析。

一、各家說法〔商族起源論〕

（一）西方說

　　《史記‧殷本紀》說商族的始祖契被封於商，鄭玄稱商「在太華之陽」，晉人皇甫謐謂即「今上洛商是也」，《括地志》云「商州東八十里商洛縣本商邑，古之商國，帝嚳之子卨所封也。」〔註1〕鄭玄等人都認爲商族的發源地在

　　〔註1〕均見《集解》、《正義》所引。

今陝西商縣。

「亳」也是商族早期居住地之一，《書序》和〈殷本紀〉皆曰「湯始居亳，從先王居」。太史公又曰：

> 或曰：「東方物所始生，西方物之成熟。」夫作事者必於東南，收功實者常於西北。故禹興於西羌，湯起於亳，周之王也以豐鎬伐殷，秦之帝用雍州興，漢之興用蜀漢，〔註2〕

依太史公之意，湯所居之亳是在西方。此後許慎《說文》謂：「亳，京兆杜陵亭也。」徐廣亦曰：「京兆杜縣有亳亭。」〔註3〕

總之，自東漢以來，鄭玄、皇甫謐、《括地志》的作者等人，都說商族的起源地「商」在今陝西商縣；太史公、許慎、徐廣都認為湯所居之亳在西方。近人蒙文通〔註4〕、梁園東〔註5〕、黃競新〔註6〕諸先生，也都主張「商」在今陝西商縣，他們都認為商人起源於西方。

（二）豫東魯西說

近人王國維反對舊說，指出商族早期的居留地「商」和「亳」決不在關中，「商」是河南的商邱，「亳」則位於山東的曹縣。〔註7〕董作賓也認為「商」是河南商邱，但「亳」在安徽亳縣。〔註8〕張光直主張商族來自東方，早商文化可能在豫西魯東。〔註9〕郭沫若認為契居蕃，即今山東滕縣；其子昭明遷居

〔註2〕《史記・六國年表序》。

〔註3〕《史記・六國年表序》中《集解》所引。

〔註4〕蒙文通，《古史甄微》（上海，商務印書館，民國22年。台灣商務印書館重印），頁94～95。

〔註5〕梁園東，〈商人自契至湯八遷重考與商民族興於東土駁議〉《東方雜誌》，第三十卷第十九期（民國22年10月）。

〔註6〕黃競新，〈從卜辭經史中考殷商民族源流〉（國立台灣大學中文研究所博士論文，民國71年）

〔註7〕王國維，〈說自契至于成湯八遷〉、〈說商〉、〈說亳〉，《觀堂集林》卷十二（台北，世界書局，民國64年3月）

〔註8〕董作賓，《殷曆譜》下編卷九（中央研究院歷史語言研究所專刊第二十三，民國34年4月）。以及〈卜辭中的亳與商〉，《大陸雜誌》第六卷第一期（民國42年1月）。

〔註9〕張光直，〈殷商文明起源研究上的一個關鍵問題〉，《沈剛伯先生八秩榮慶論文集》（台北，聯經出版事業公司，民國65年）、〈從夏商周三代考古論三代關係與中國古代國家的形成〉，《屈萬里先生七秩榮慶論文集》（台北，聯經出版事業公司，民國72年）。以上二文均收入張著《中國青銅時代》（台北，聯經出版事業公司，民國72年）

砥石，即今河北泜水流域；相土遷居商丘，即今河南商邱南。﹝註10﹞徐中舒
主張山東半島齊魯一帶，是商民族早期活動的地方，到相土時商族勢力遠達
北方，可能越渤海而至東北。﹝註11﹞另有學者認爲商族屬東夷鳥圖騰集團，
今之商邱即古之商地，因相土時商人聚居此地而得名。﹝註12﹞或主張商族的
發祥地是在魯西南地區，以後向西發展而主要聚居於豫東商邱一帶，豫東的
造律臺文化是先商文化。﹝註13﹞

（三）渤海灣沿岸說

徐中舒曾謂：「古代環渤海灣而居之民族即爲中國文化之創造者，而商民
族即起源於此。」﹝註14﹞李亞農亦認爲商族發源於易水流域和渤海灣。﹝註15﹞

（四）河北說

丁山反對王國維的說法，認爲「商」之得名是源自滳水，滳水即漳水之
古名，他強調商族的發祥地決在今永定河與滱河之間。﹝註16﹞鄒衡認爲商是
今之漳水，他從考古學文化著手，主張先商文化分布於太行山東麓一線和鄭
州市，成湯以前商族的活動中心在滹沱河與漳河之間。﹝註17﹞有的學者亦認
爲商族起源於豫北冀南的漳水流域，﹝註18﹞或認爲二里頭文化豫北類型早於
二里頭文化三、四期的那一部分，可能就是先商文化，﹝註19﹞也有學者主張

﹝註10﹞郭沫若主編，《中國史稿》（北京，人民出版社，1976 年）頁 156。

﹝註11﹞徐中舒，〈殷商史中的幾個問題（上）〉，《四川大學學報》，1979 年第二期，頁
　　　　110。

﹝註12﹞龔維英，〈商的由來淺說〉，《中學歷史教學》，1985 年第二期。

﹝註13﹞楊亞長，〈試論商族的起源與先商文化〉，《北方文物》，1988 年第二期。在此
　　　　之前，李仰松主張河南龍山文化大寒類型或王油坊類型，可能是先商文化，
　　　　見〈從河南龍山文化的幾個類型談夏文化的若干問題〉，《中國考古學會第一
　　　　次年會論文集》（北京，文物出版社，1980 年 12 月）

﹝註14﹞徐中舒，〈殷人服象及象之南遷〉，《中研院史語所集刊》，第二本第一分（民
　　　　國 19 年 5 月），頁 60。

﹝註15﹞李亞農，《李亞農史論集》，〈殷代社會生活〉（上海，人民出版社，1962 年），
　　　　頁 404。

﹝註16﹞丁山，《商周史料考證》（北京，中華書局，1988 年 3 月），頁 13～17。錢穆
　　　　亦謂：「章、商聲近，商即以漳得名，貫說是。」見《史記地名考》（香港，
　　　　龍門書店，民國 57 年 9 月），頁 163。

﹝註17﹞鄒衡，〈試論夏文化〉，《夏商周考古學論文集》（北京，文物出版社，1980 年）

﹝註18﹞馬世之，〈商族圖騰崇拜及其名稱的由來〉，《殷都學刊》，1986 年第一期。

﹝註19﹞李經漢，〈鄭州二里崗期商文化的來源及相關問題的討論〉，《中原文物》，1983
　　　　年第三期，頁 37。

鄭州商文化中平民的房基、墓葬、陶器等，屬於商族的傳統文化習慣，它們直接淵源於豫北冀南的輝衛型和漳河型文化。〔註20〕

（五）東北說

最早提出這項主張的是傅斯年，他認爲商與東北關係密切，商之興也自東北來，商之亡也自東北去，〔註21〕又說商族發跡於東北、渤海，古兗州是其建業之地。〔註22〕近些年來，頗多學者提倡這項說法，有的學者主張商族遠祖昭明所居砥石在遼水發源處，即今內蒙古昭烏達盟克什克騰旗的白岔山，〔註23〕有學者贊同此說。〔註24〕或認爲商族起源於東北，其祖先最早活動於長城南北一帶。〔註25〕也有學者主張幽燕之域是商先活動區，紅山文化是商先文化，〔註26〕或認爲分布在燕山南北的夏家店下層文化，其早期階段的丰下類型，應是商族先祖的文化。〔註27〕

（六）晉南說

有的學者主張商族起源於山西南部，以後才向東遷徙，〔註28〕或認爲商族起源於晉南，蕃、亳在今山西桓曲縣。〔註29〕

二、鳥生傳說與商族的起源

有關商族起源的說法如此紛歧，可見此一問題之複雜程度，此處首先從鳥生傳說和商族遠祖的活動地域，來討論商族是否起源於西方。

〔註20〕陳旭，〈鄭州商文化淵源試析〉，《中州學刊》，1990 年第一期。

〔註21〕傅斯年等，《東北史綱》，第一卷〈古代之東北〉（中央研究院歷史語言研究所，民國 21 年 10 月），頁 24。

〔註22〕傅斯年，〈夷夏東西說〉，載於《慶祝蔡元培先生六十五歲論文集》下冊（中央研究院歷史語言研究所集刊外編第一種，民國 24 年）。收入《傅斯年全集》（台北，聯經出版事業公司。民國 69 年 9 月），頁 87。

〔註23〕金景芳，〈商文化起源於我國北方說〉，《中華文史論叢》1978 年第七輯。

〔註24〕張博泉，〈關於殷人的起源地問題〉，《史學集刊》復刊號（1981 年 10 月）。

〔註25〕藺辛建，〈先商文化探源〉，《北方文物》，1985 年第二期。

〔註26〕干志耿、李殿福、陳連開，〈商先起源於幽燕說〉，《歷史研究》，1978 年第五期。

〔註27〕黃中業，〈從考古發現看商文化起源於我國北方〉，《北方文物》，1990 年第一期。

〔註28〕李民，〈關於商族的起源地——從《堯典》說起〉，《鄭州大學學報》，1984 年第一期。

〔註29〕陳昌遠，〈商族起源地望發微〉，《歷史研究》，1987 年第一期。

（一）鳥生傳說

傳說商族以玄鳥為圖騰，《詩經·商頌·玄鳥》曰：「天命玄鳥，降而生商。」這是指商族乃由玄鳥所生，《毛傳》注曰：「玄鳥，鳦也。」《說文》曰：「燕，玄鳥也。」又曰：「乙，燕燕乙鳥也。齊魯謂之乙，取其鳴自謼，象形也。」可見玄鳥即燕，亦即乙。〔註30〕此外，《楚辭·天問》曰：

> 簡狄在臺，嚳何宜？玄鳥致貽，女何嘉？

《呂氏春秋·音初篇》曰：

> 有娀氏有二佚女，為之九層之臺，飲食必以鼓。帝令燕往視之，鳴若謚隘。二女愛而爭奪之，覆以玉筐。少選發而視之，燕遺二卵北飛，遂不返。

《史記·殷本紀》曰：

> 殷契，母曰簡狄，有娀氏之女，為帝嚳次妃。三人行浴，見玄鳥墮其卵，簡狄取吞之，因孕生契。

綜合這些記載，顯見傳說中商族的始祖契是由玄鳥卵生的，亦即商族以玄鳥為圖騰。

商族以鳥為圖騰，不僅見於文獻上的傳說，而且在卜辭和金文中也可以找到間接的證據。胡厚宣從卜辭中找到一些祭祀商人達祖王亥的卜辭，王亥的「亥」有些作「𦥑」、「𦥑」等，從亥從鳥（或從隹）。王亥在商人的祭祀中具有相當崇高的地位，他的名字從鳥，胡氏認為這是商族以鳥為圖騰的確證。〔註31〕《山海經·大荒東經》曰：「有人曰王亥，兩手操鳥，方食其頭。」也反映王亥與鳥有密切的關係。又晚商銅器〈玄鳥婦壺〉，其銘文有「玄鳥婦」三字合文，作「𦥑」，〔註32〕于省吾認為這是「研究商人圖騰的唯一珍貴史料，係商代金文中所保留下來的先世玄鳥圖騰的殘餘。」〔註33〕

鳥生傳說和鳥圖騰現象，廣泛地分布於我國東北以至東南沿海一帶，〔註34〕

〔註30〕鄭杰祥謂商人以雞為圖騰，玄鳥乃雞之誤。見〈玄鳥解〉，《中州學刊》，1990年第一期。

〔註31〕胡厚宣，〈甲骨文所見商族鳥圖騰的新證據〉，《文物》，1977年第二期。

〔註32〕引自于省吾，〈略論圖騰和宗教起源和夏商圖騰〉，《歷史研究》，1955年第十一期。

〔註33〕于省吾，〈略論圖騰和宗教起源和夏商圖騰〉，《歷史研究》，1955年第十一期。

〔註34〕東夷部族、夫餘、高句驪、滿州人、百越民族、台灣高山族等，都有鳥生傳說或鳥圖騰現象。詳見文崇一，〈亞洲東北與北美西北及太平洋的鳥生傳說〉，《民族學研究所集刊》第十二期（民國50年）；石興邦，〈我國東方沿海和東

商族遠祖的鳥生傳說及其出現一些鳥圖騰現象，反映出他們似乎屬於東方民族。

（二）商族遠祖的活動地域

《詩經‧商頌‧長發》曰：「相土烈烈，海外有截。」截，鄭玄注曰：「整齊也。」海外有截是指四海率服。相土是商族的第三代祖先，他能勘定海外，顯示商族當時應居住於東方濱海一帶，才能聲威遠震海外。

《山海經‧大荒東經》曰：「有困民國，句姓而食。有人曰王亥，兩手操鳥，方食其頭。王亥託于有易、河伯僕牛。有易殺王亥，取僕牛。」郭璞注引《竹書紀年》曰：「殷王子亥賓于有易而淫焉，有易之名綿臣殺而放之。是故殷主甲微假師于河伯，以伐有易，克之，遂殺其君綿臣也。」王國維認為《山海經》、《竹書紀年》中的“王亥”與《楚辭‧天問》所說的“該”是同一人同一事。〈天問〉曰：

> 該秉季德，厥父是臧，胡終弊于有扈，牧夫牛羊？恒秉季德，焉得
>
> 夫僕牛？……昏微遵跡，有狄不寧？

這裡的“該”據王氏說就是“王亥”，也就是〈殷本紀〉中的“王振”。“恒”亦見於卜辭，也是商人的先公。“有扈”、“有狄”就是《山海經》、《竹書紀年》的“有易”，“扈”是“易”字之誤。〔註35〕

從這些記載可以看出，王亥、王恒是兄弟，同為王季之子，王亥為有易之君所殺，其子上甲微假師於河伯，卒能戰勝有易。有易的地望，王國維認為在今河北省的易水流域，〔註36〕河伯應靠近黃河，商族若非與有易為鄰，則是介於有易與河伯之間，所以當時商族可能居於河北省中部或中南部。

根據商族的鳥生傳說及其先公的活動地域，現代學者大致傾向於商族起源於「東方」，西方說已很少有人提起，也缺乏考古發掘的地下史料，晉南說的證據相當薄弱，不足為憑。鳥生傳說或是以鳥為圖騰，是環太平洋沿海地區的普遍現象，東夷以鳥為圖騰，散布於山東、蘇北和淮河一帶，兩者在地緣上似乎有相當密切的關連，因此許多學者認為商族應起源於豫東魯西，並與東夷有淵源關係，但也有不少學者極力主張商族起源於東北或河北，以下本文就對這項問題再做進一步的考察。

南地區古代文化中鳥類圖像與鳥祖崇拜的有關問題〉，載於田昌五、石興邦主編，《中國原始文化論集》（北京，文物出版社，1988年6月）

〔註35〕王國維，〈殷卜辭中所見先公先王考〉，《觀堂集林》卷九，頁420。

〔註36〕王國維，〈殷卜辭中所見先公先王考〉，頁421。

三、商族的起源地

考察商族的起源地，必須從商族的早期居住地商、蕃、砥石、亳著手，並找出考古學上的「先商文化」。

（一）商

《史記・殷本紀》稱契封於商，《荀子・成相》曰：「契玄王，生昭明，居于砥石遷于商。」《左傳》載相土居商丘（襄公九年）。根據這些記載，顯然商族的發祥地是商，商丘之名也應是得自商。文獻上名為商或商丘者有好幾處，河南有商邱縣，河北濮陽以前也名為商丘，〔註37〕河北漳水流域也有商丘。〔註38〕卜辭中出現商、中商、大邑商、天邑商、丘商等地名，但資料不多，不太能確定在今何處。羅振玉謂「天邑商」即「大邑商」之訛，〔註39〕董作賓認為大邑商、商是今河南商邱。〔註40〕陳夢家主張商、商丘在今河南商邱附近，大邑商在今沁陽附近，天邑商可能為朝歌之商邑，中商可能在今安陽。〔註41〕丁山說商代可能有兩個以上的都城，大邑商是首都，中商是陪都。〔註42〕鍾柏生詳細考察卜辭，主張「商」的稱謂既可指殷都安陽，也可指河南商邱，大邑商即丘商，也就是河南商邱。〔註43〕楊寬也認為商有時指殷墟，有時指商邱，有的可能是大邑商的簡稱，大邑商或天邑商是王畿之稱。〔註44〕

這些稱「商」或「商丘」的地名，大概是由商族最早一個名為「商」的居地，隨著商族的到處遷徙，而將「商」這個地名帶到各地去，最早的商或商丘在何處呢？王國維主張商在今河南商邱，認為商之國號本於地名，古之

〔註37〕《水經注》瓠子河條曰：「河水舊東決，逕濮陽城東北，故衛地，帝顓頊之墟；昔顓頊自窮桑徙此，號曰商丘，或謂之帝丘，本陶唐氏火正閼伯所居，亦夏伯昆吾之都，殷相土又都之。」

〔註38〕《史記・鄭世家》云唐堯遷其火正閼伯於商丘，《集解》引賈逵曰：「商丘在漳南。」

〔註39〕羅振玉，《殷虛書契考釋序》及《考釋》下，頁54（台北，藝文印書館，民國58年12月）。

〔註40〕董作賓，〈卜辭中的亳與商〉，《大陸雜誌》第六卷第一期，頁9。

〔註41〕陳夢家，《殷虛卜辭綜述》（北京，科學出版社，1956年），頁258。

〔註42〕丁山，《商周史料考証》，頁12。

〔註43〕鍾柏生，〈卜辭中所見殷王田游地名考——兼論田游地名研究法〉（台大中文研究所碩士論文，民國61年6月），頁55～56。

〔註44〕楊寬，〈商代的別都制度〉，《復旦學報》，1984年第一期。

宋國實名商丘。《左傳》載子產之言曰：「遷閼伯于商丘，主辰，故辰為商星。」（昭公元年）士莊子曰：「陶唐氏之火正閼伯居商丘，祀大火，而火紀時焉，相土因之，故商主大火。」（《左傳》襄公九年）辰即大火，即心宿，亦名商星。商人主大火，即是以大火為祭祀主星；以火紀時，即是以大火星為辰，視其移動之跡而定時節〔註45〕故梓慎曰：「宋，大辰之墟也。」王氏乃謂宋之國都確為昭明、相土之故地，至微子之封，國號未改，且處之商丘，又復其先世之地，周時多謂宋為商。〔註46〕董作賓也主張商在今河南商邱，在他所排定的「帝辛征人方日譜」中，屢次出現「商」或「大邑商」，他認為商或大邑商就是河南的商邱。〔註47〕

有些學者反對這項看法。卜辭中有滴水，是一條重要的河流，它位列商人祈求年成的祀典中，可見滴水攸關商人的收成禍福。葛毅卿、楊樹達均認為滴、漳聲音可以通轉，滴水就是漳水。〔註48〕丁山主張商因滴水而得名，滴水是漳水的古名。〔註49〕鄒衡和王玉哲都贊同這個論證，鄒衡認為商族之所以稱為商，大概是因為商族的遠祖居於漳水流域。〔註50〕王玉哲認為商族的發祥地，當在今河北省中南部滹沱河與漳河流域一帶；至於契所封的商、昭明所遷的商和相土所都的商丘，由於史料缺乏，難以指實其地，但必不出這個範圍。〔註51〕

不過，有的學者認為滴水並非漳水，李學勤根據地名的聯繫，認為滴水與盂相近，〔註52〕盂在今河南沁陽西北，故主張滴水即是沁水。〔註53〕另有

〔註45〕見楊伯峻，《春秋左傳注》（北京，中華書局，1981年），頁964。

〔註46〕《左傳》僖公二十二年宋大司馬固曰：「天之棄商久矣。」商即宋。傳世的宋戴公戈，其銘文曰：「王商戴公」，可見宋自稱商，並沿用王稱。《左傳》襄公九年士弱曰：「商人閱其禍敗之釁，必始於火。」商人即宋人。《左傳》昭公八年：「秋，大蒐於紅，自根牟至于商、衛，革車千乘。」商即宋。《左傳》哀公九年史龜曰：「利以伐姜，不利子商。」子商即宋。《左傳》哀公二十四年魯宗人釁夏曰：「孝、惠娶於商。」商即宋。故春秋時人常謂宋為商，沿其舊稱。見王國維，〈說商〉，頁516～518。

〔註47〕董作賓，〈卜辭中的亳與商〉，《大陸雜誌》第六卷第一期，頁9。

〔註48〕葛毅卿，〈說滴〉，《中研院史語所集刊》，第七本第四分（民國27年5月），頁545～546。
楊樹達，《積微居甲文說》（上海，古籍出版社，1986年），頁70。

〔註49〕丁山，《商周史料考證》，頁18。

〔註50〕鄒衡，〈論湯都鄭亳及其前後的遷徙〉，《夏商周考古學論文集》，頁218。

〔註51〕王玉哲，〈商族的來源地望試探〉，《歷史研究》1984年第一期，頁68。

〔註52〕如：涉滴至勞，射，有豸？擒？萃950

學者則根據李氏的觀點，指出滴水並非沁水，而是流經牧野的清水，〔註54〕但也有的學者認爲盂在殷都的東方，〔註55〕因此滴水是否是沁水或清水亦成問題。

　　根據以上的討論，在文獻和卜辭中名爲商或商丘的地名，主要有河南商邱、河北濮陽和漳水流域等處。王國維力證商在河南商邱，但證據並不是很充分，其主要論點是根據《左傳》所載闕伯居商丘，祀大火，相土因之，亦以大火紀時，故宋爲大辰之虛，但伯和相土所居之商丘，是否即今之河南商邱本身就是個問題。總而言之，由於文獻記載缺乏，商族的起源地「商」已難詳考，不過河南商邱、河北濮陽、漳水流域，在古地名上皆曾名爲商或商丘，商人也曾在此活動，因此商族的起源地「商」可能是其中的某處。此外，持東北說的學者，大致上對「商」地並無詳細的探討。〔註56〕

（二）蕃、砥石

　　商族經常遷徙，《書序》和〈殷本紀〉皆曰：「自契至于成湯八遷」，張衡〈西京賦〉云：「殷人屢遷，前八後五。」王國維認爲契居亳，其後商族八遷之處爲：蕃、砥石、商、東都、商丘、殷、商丘、亳，〔註57〕但第六和第七遷的殷、商丘引自今本《竹書紀年》，這個記載並不可靠。事實上典籍中有明確記載的只有下列幾處：契居蕃、昭明居砥石（《世本》）；昭明居於砥石遷於商（《荀子·成相》）；相土居商丘（《左傳》襄公九年）；（封康叔於衛）取於

王其田，涉滴至于夢，亡哉？京4470
知滴與夢相近。
王其田盂至夢，亡哉？佚442
田盂至夢，〔亡〕哉？金366
知滴與盂近，故滴亦近於盂。

〔註53〕李學勤，《殷代地理簡論》（北京，科學出版社，1959年），頁11～13。
〔註54〕鄭氏指出：滴水即後世所稱的清水，亦即今之衛水，理由是：①商人常祭滴水，可見它應在殷都附近，清水流穿牧野，在地理位置上有密切的關係；②商、清、漳古音可相通；③滴水近於夢，陳夢家認爲它約在今沁陽縣以北三、四十里的清化鎮一帶，清化鎮在清水支流長明溝水以北，距清水大約三十里。可見滴水應即後世的清水。見〈釋滴〉，《殷都學刊》，1986年第二期，頁2～4。
〔註55〕島邦男著，溫天河、李壽林譯，《殷虛卜辭研究》（台北，鼎文書局，民國64年12月），頁371。鍾柏生，〈卜辭中所見殷王田游地名考——兼論田游地名研究法〉，頁99。
〔註56〕于志耿等言商在今山東章武縣。見〈商先起源於幽燕說〉，《歷史研究》1985年第五期，頁24。
〔註57〕王國維，〈說自契至于成湯八遷〉，頁515～516。

相土之東都以會王之東蒐（《左傳》定公四年），以下就來討論蕃、砥石、東都之地望。

蕃，王國維疑其即《漢書・地理志》中魯國之蕃縣，〔註58〕在今山東滕縣。丁山認為博、薄、蒲、番、蕃五個字，漢初寫法尚無定形，所以契所居之蕃應在泜水的支流博水流域。〔註59〕趙鐵寒則以為蕃就是《漢書・地理志》上谷郡的潘縣，即今察哈爾省懷來縣。〔註60〕

砥石，向來無考，丁山認為砥為泜字傳寫之誤，泜石即泜水與石濟水的混名，泜水於今河北隆平縣北入寧晉泊。〔註61〕有些學者主張砥石在今內蒙古昭烏達盟克什克騰旗的白岔山。〔註62〕

東都，王國維認為在泰山之下。〔註63〕

以上有關蕃、砥石之地望，各家說法不一，大抵每位學者都是以他所主張的商族起源地為前提，在附近尋找一個與蕃、砥石音、名相近之地，因此這些看法的可靠性仍然有待商榷。

（三）亳

《書序》和〈殷本紀〉皆稱湯「始居亳，從先王居。」可見「亳」不僅是湯都之地，同時也是其祖先所居之處。古地名中名為「亳」者甚多，湯所都之亳在何處也是聚訟紛紜，沒有取得一致的結論，較為流行的說法有下列幾種：

（四）關中說

《史記・六國年表序》謂：「禹興於西羌，湯起於亳。」《集解》引徐廣曰：「京兆杜縣有亳亭。」《說文》亦曰：「亳，京兆杜陵亭也。」

（五）偃師西亳說

《漢書・地理志》河南郡偃師縣下曰：「尸鄉，殷湯所都。」《尚書正義》引鄭玄曰：「亳，今河南偃師縣有湯亭。」

〔註58〕王國維，〈說自契至于成湯八遷〉，頁515。

〔註59〕丁山，《商周史料考証》，頁18。

〔註60〕趙鐵寒，〈殷前八遷的新考証〉，《古史考述》（台北，正中書局，民國54年10月），頁154。

〔註61〕丁山，《商周史料考証》，頁17～18。

〔註62〕金景芳，〈商文化起源於我國北方說〉，《中華文史論叢》1978年第七輯。

〔註63〕王國維，〈說自契至于成湯八遷〉，頁515。

（六）河南商邱南亳說

皇甫謐謂：「梁國，穀熟爲南亳，即湯都也。」（《史記集解》引）

（七）山東曹縣北亳（景亳、蒙亳）說

《漢書‧地理志》注引皇甫謐曰：「蒙有北亳，即景亳，湯所盟處。」《漢書‧地理志》山陽郡薄縣下注引臣瓚曰：「湯所都。」薄與亳二字通用，此亳地在今山東曹縣南二十里，王國維主張此說。〔註64〕

（八）河南內黃說

岑仲勉認爲卜辭中商與亳對舉，似乎兩地相隔不遠，而內黃縣的南方有亳城，故主張河南內黃爲湯所都之亳。〔註65〕

（九）安徽亳縣說

卜辭中商、亳相距不遠，董作賓認爲商即今河南商邱，亳在今安徽亳縣。〔註66〕

（十）鄭州說

鄒衡提出此一主張，他認爲：①古代文獻記載鄭地有亳城；②鄭州商城出土的陶文證明東周時期鄭州商城名亳、亳城或亳丘；③湯都亳的鄰國及其地望與鄭州商城相合；④鄭州商文化遺址發現的情況與成湯所都之亳相合。〔註67〕

以上所列七個地方確實都名爲亳，但其中有些並非湯所居之亳。據孟子言，湯居亳與葛爲鄰，又說湯使亳眾與之耕。〔註68〕葛在今河南寧陵縣，亳應近於此處，關中的亳和偃師西亳離此過遠，不會是湯滅夏前所居之亳，安徽之亳離此尚遠，也不應列入考慮。內黃之亳，岑氏所根據的材料是明清的文獻，可靠性也成問題。

據《尚書‧尹告》佚文云：「尹躬身見于西邑夏」，〔註69〕則當時湯所居

〔註64〕王國維，〈說亳〉，頁515。

〔註65〕岑仲勉，《黃河變遷史》（北京，人民出版社，1957年6月），頁93～94和101。

〔註66〕董作賓，〈卜辭中的亳與商〉，《大陸雜誌》第六卷第一期，頁9。高去尋亦主張湯所都之亳是南亳，即卜辭中之亳，距河南商邱不遠，但未指實其地（見〈商湯都亳的探討〉，載於董玉京編，《董作賓先生誕辰九五紀念文集》，自印，民國77年）。

〔註67〕鄒衡，〈鄭州商城即湯都亳說〉，《文物》1978年第二期。收入《夏商周考古學論文集》。

〔註68〕《孟子‧滕文公下》。

〔註69〕《禮記‧緇衣》所引。

之亳在夏桀都城之東，夏桀亡國時之都邑斟尋在伊、洛流域。湯之用兵次序，孟子引《尚書》佚文曰：「湯一征，自葛始。」〔註70〕又《詩經・商頌・長發》曰：「韋顧既伐，昆吾夏桀。」葛在今河南寧陵縣，韋在今河南滑縣，顧在今黃河北岸的原武、原陽一帶（一說在山東范縣），昆吾在今河北濮陽縣。這些與夏同盟的重要方國，都處在夏都和亳之間，商湯用兵係自東徂西，首先征服夏在東方的同盟與國，然後再一舉滅夏。鄭州距伊、洛很近，離寧陵頗遠，若亳在鄭州，顯與商湯之用兵次序不合，因此鄭亳說也難以成立。〔註71〕《左傳》曰：「昔武王克商，肅慎、燕亳，吾北土也。」（昭公九年）持殷商起源於東北說的學者，認爲燕亳是指燕地之亳，商族曾居於此故名燕亳。〔註72〕但亳之名四處可見，這也只能說曾有商人居於此，未必即是商族的早期居住地。

衡諸以上葛、韋、顧、昆吾的地望，配合文獻上的傳說，山東曹縣的北亳與河南商邱的南亳，最有可能是湯滅夏前所居之亳。最近杜金鵬發明新說，主張湯所居之亳在濟陰，其理由如下：

《逸周書・殷祝》曰：「湯將放桀于中野，……士民復致于桀曰：『以薄之君，濟民之殘，何必君更。』」

《史記・樊酈滕灌列傳》曰：「（灌嬰從沛公）擊破東郡尉于武成及秦軍于扛里，……攻秦軍亳南、開封、曲遇。……」

《史記・貨殖列傳》曰：「自鴻溝以東，芒、碭以北，屬巨野，此梁、宋也。陶、睢陽亦都會也。昔堯作游于成陽，舜漁于雷澤，湯止于亳，故其民猶有先王之風。」

《鹽鐵論》卷九：「桀紂有天下，而兼于濟亳。」

揚雄〈兗州箴〉曰：「悠悠濟河，兗州之富，……成湯五徙，卒都于亳。」（《藝文類聚》卷六）

故杜氏主張亳在定陶之東、開封之東北方，而近於武成、扛里一帶，〔註73〕

<hr>

〔註70〕《孟子・梁惠王篇》。

〔註71〕不少學者反對鄒衡的看法，認爲偃師商城才是湯所都之亳。但如以上所做的考察，湯滅夏前所都之亳既不在鄭州，自然更不會在偃師。至於滅夏後，湯或許曾都於鄭州或偃師，這是另一項棘手的問題，此處不擬詳論。

〔註72〕于志耿等，〈商先起源於幽燕說〉，《歷史研究》1985年第五期，頁23。

〔註73〕杜金鵬，〈先商濟亳考略〉，《殷都學刊》，1988年第三期，頁4。

杜氏所主張的濟亳說雖屬新說，但也找出在古文獻中有不少湯居濟水以南的傳說。有的學者認為夏商時期都城的設置，往往是兩都或數都並存，南亳、西亳、北亳都應是商初的都城，皇甫謐、《括地志》的說法，正反映了當時的歷史動態。〔註74〕

總而言之，根據以上的考察，不管是皇甫謐所謂南亳谷熟為湯都之亳，山東曹縣北亳為湯所盟之處，或臣瓚所謂北亳為湯都之處，或杜金鵬的濟亳說，種種證據都反映出豫東魯西是成湯的勢力核心區，尤其是商丘、定陶、曹縣一帶，可能是湯所都之處。

四、先商文化

從以上的討論可以發現，由於文獻記載不足，加上商族屢遷，其早期居住地「商」、「亳」等地名，隨之播遷各處，造成研究商族起源的困難。文獻記載有缺，地下的考古學文化似乎已成為希望所寄，若能通過考古發掘找出所謂的早商文化或先商文化，將有助於解決此一問題。

商族的遠祖契，在傳說中是與禹同時的人物，因此從契至成湯的這一段歷史，正好與夏王朝同時期。關於夏朝的紀年，文獻的記載互異，〔註75〕並且目前推算夏朝的年代，均以武王伐紂之年為期點，但武王伐紂之年也是眾說紛紜，再加上商代的年祀也還沒完全確定，這些都造成推測夏朝年代的困難。嚴耕望綜合文獻和各家的說法，認為夏代立國約自西元前 2100～2050 年前後開始，不得遲過西元前 1994 年，至西元前 1660 年前後而終結，不得遲過西元前 1523 年，〔註76〕亦即約自西元前二十一世紀至十六世紀中期。本文將以此一時間為

〔註74〕 李民，〈南亳、北亳與西亳的糾葛〉，《全國商史學術討論會論文集》（殷都學刊增刊，1985 年），頁 392。

〔註75〕 關於夏之積年，有下列各種記載：
古本《竹書紀年》：「自禹至桀十七世，有王與無王，用歲四百七十一年。」（《太平御覽》卷八二「皇王部」所引）。《帝王世系》：「自禹至桀並數有窮，凡十九王，合四百三十二年。」。《後漢書·律曆志》：「天下號曰夏后氏，繼世十七王，四百三十二歲。」。《易緯稽覽圖》：「禹四百三十一年。」。《路史·後紀十三下》：「夏氏凡四百八十有三歲。」注曰：「十七世，汲紀年並窮、寒四百七十二年。」又注曰：「《三統曆》云：十七主，通羿、浞四百三十二年。」關於商之積年，古本《竹書紀年》曰：「湯滅夏以至于受，二十九王，用歲四百九十六年。」（《史記·殷本記》集解所引）比夏之年代長，《晉書·束晳傳》卻曰：「夏年多殷。」不知為何有此差異。

〔註76〕 嚴耕望，〈夏代都居與二里頭文化〉，《大陸雜誌》，第六十一卷第五期（民國

準，來考察當時河北、河南、山東一帶考古學文化的分布情形。

在大約夏商時期，東北地區和河北地區存在著「夏家店下層文化」，其分布範圍北抵西拉木倫河，南至燕山南麓，西達遼河，東至經棚、圍場一帶，這一支文化已進入青銅時代，它的發展有自北而南的趨勢，〔註77〕有的學者指出，海河水系地區的遺存與西遼河地區的遺存，既有聯繫又有所區別。〔註78〕又有學者認爲，燕山以南與燕山以北的夏家店下層文化，彼此的差異較大，共性較少，似可命名爲「圍坊第二期文化」。〔註79〕另有學者指出，夏家店下層文化中期有不少文化因素與二里頭、二里崗文化關係密切，它們之間似乎被一種特殊的紐帶聯結著。〔註80〕總之，雖然學者之間對夏家店下層文化的意見並不太一致，但至少表明在夏商時期，河北北部曾受東北地區夏家店下層文化的影響，持東北說的學者認爲這正是商族南下的結果。〔註81〕

山東地區在夏代時期的考古學文化是「岳石文化」，鄒衡認爲岳石文化與二里頭文化或商文化，是完全不同的文化系統，因此湯始居之亳既不在魯西南，也不在豫東。〔註82〕有的學者亦指出，豫東商邱一帶夏商時期的考古學文化，依次應是龍山文化造律臺類型、岳石文化、二里崗上層文化和殷墟期文化，前三者各屬不同的文化系統，因此南亳說與北亳說均不正確，商文化起源於東方的說法，在考古學文化方西已失去依據。〔註83〕

河南地區夏商時期的考古學文化，依序是二里頭文化、二里崗文化和殷墟文化。關於二里頭文化，有的學者主張它全部是夏文化；有的認爲一、二期是夏文化，三、四期是商文化；有的認爲一、二、三期是夏文化，第四期

---

69 年 11 月），頁 1。

〔註77〕 中國社會科學院考古研究所編，《新中國的考古發現與研究》（北京，文物出版社，1984 年 5 月），頁 339～344。

〔註78〕 張忠培、孔哲生、張文軍、陳雍，〈夏家店下層文化研究〉，《考古學文化論集》第一集（北京，文物出版社，1987 年 12 月），頁 67。

〔註79〕 吳鵬，〈試論燕北地區夏家店下層文化的分期——兼談燕南地區所謂“夏家店下層文化”性質及相關問題〉，《華夏考古》，1988 年第四期，頁 84。

〔註80〕 李經漢，〈試論夏家店下層文化的分期和類型〉，《中國考古學會第一次年會論文集》，頁 167。

〔註81〕 蘭辛建，〈先商文化探源〉，《北方文物》1985 年第二期，頁 20。

〔註82〕 鄒衡，〈論菏澤（曹州）地區的岳石文化〉，《文物與考古論集》（北京，文物出版社，1986 年 12 月），頁 134。

〔註83〕 宋豫秦，〈試論豫東地區夏商時代的文化性質〉，《鄭州大學學報》，1985 年第一期。

是商文化。〔註84〕造成這種紛歧的原因有下列幾點：①二里頭文化第二期與第三期的面貌有較大的差異，有的學者主張這是湯滅夏的結果；②偃師商城建於第四期，有的學者認為它是湯都西亳；③二里頭文化的碳十四測定年代（樹輪校正），約是西元前 2000 年至 1600 年之間，都在夏的積年內。二里頭文化一、二期與三、四期的面貌確實有較大的差異，但其繼承關係也很明顯，只根據其差異性就認為這是湯滅夏的結果，或許稍嫌武斷，如能配合文獻上有關夏商周積年的記載加以檢證，將更為理想。

關於武王伐紂之年，眾說紛紜，約有四十幾種說法，〔註85〕最早的是西元前 1130 年，〔註86〕最通行的是董作賓的西元前 1111 年，〔註87〕最晚的是西元前 1018 年，〔註88〕三者相差近一百年。關於商代的年祀，文獻上有不同的記載：

（1）古本《竹書紀年》云四百九十六年（《殷本紀集解》引）

（2）《孟子·盡心下》曰：「由湯至于文王五百有餘歲。」

（3）《左傳》宣公三年載：「鼎遷于商，載祀六百。」

陳夢家認為盤庚遷殷後八祀十二王，共佔二七三年之久，則遷殷以前至湯九世十九王，所佔年數似乎不應少於前者，商代的年祀應以六百年之說較為合理，但《左傳》之說只是舉一成數，可能少於六百。〔註89〕陳氏之剖析相當審慎，此說應可採用。六百加上 1018 或 1111，約為 1618 或 1711。二里頭文化第四期的年代約為 1700 至 1600 年，若武王伐紂之年採用董說，則二里頭文化第四期屬商文化；若採用陳說，則第四期仍屬夏文化。由於武王伐紂之年，學者的看法相差數十年甚或一百年，因此如嚴耕望所說，二里頭文化第四期屬夏或屬商實難決定，〔註90〕但第三期應非商文化。二里頭文化二、三期之間文化面

〔註84〕 關於討論二里頭文化的文章非常多，此處無法詳引，下列諸書可略作參考：
鄒衡，《夏商周考古學論文集》（北京，文物出版社，1980 年 10 月）
鄭杰祥編，《夏文化論文選集》（中州古籍出版社，1985 年 3 月）
中國先秦史學會編，《夏史論叢》（濟南，齊魯書社，1985 年 7 月）
田昌五編，《華夏文明》第一輯（北京，北京大學出版社，1987 年）

〔註85〕 參見北京師範大學國學研究所編，《武王克商之年研究》（北京，北京師範大學出版社，1997 年 11 月）。

〔註86〕 林春溥〈古史考年異同表〉，見《竹柏山房叢書》。

〔註87〕 董作賓，《殷曆譜》上編卷四「殷周之際年曆表」，頁 25。

〔註88〕 陳夢家，《殷虛卜辭綜述》，頁 207。

〔註89〕 陳夢家，《殷虛卜辭綜述》，頁 211。

〔註90〕 嚴耕望，〈夏代都居與二里頭文化〉，《大陸雜誌》第六十一卷第五期，頁 14。

貌有重大的變化，或許另有其他因素使然，並非湯滅夏的結果。

二里崗文化已經確定是商文化，許多學者認為它直接淵源於二里頭三、四期文化，但又具有一些差異，這些與二里頭文化不同的文化因素，可能是源自「先商文化」。鄒衡認為先商文化可分為漳河型、輝衛型、南關外型，較為集中在太行山麓，二里崗文化直接自鄭州的南關外型發展而來。〔註91〕有的學者認為二里頭三、四期文化都是早商文化，二里頭文化豫北類型早於二里頭三期的那一部分，可能就是先商文化。〔註92〕陳旭主張鄭州商文化的王朝禮制，淵源於二里頭晚期，至於平民的房基、墓葬、石器、陶器、骨器等遺跡，則直接淵源於南關外型、輝衛型、漳河型文化，這是商族的傳統文化習慣。〔註93〕總而言之，所謂的「先商文化」分布於何處，考古學界目前還沒有達成一致的結論，但不少學者傾向於冀南、豫北一帶去尋找。

四、小　結

透過以上對商、蕃、砥石、亳和先商文化的討論，雖然尚未能指實商族發源地的確切所在，但大致上可以整理出一個輪廓。殷商始祖契所居之地，〈殷本紀〉說是商，《世本‧居篇》謂在蕃，兩地均不可考；第二代昭明遷居砥石，丁山認為它位於河北泜水流域；第三代相土再徙居商丘，其地望亦難確定；商湯所都之亳，據《書序》和〈殷本紀〉所云是「從先王居」，可見亳曾是曾湯之前商族的都城之一，根據文獻考察，商湯所都之亳大約是在豫東魯西的商丘、定陶、曹縣一帶。從湯都亳的地理位置來看，豫東魯西似乎曾是商族活動的重要地區。另外，根據王亥、王恆兄弟和有易氏的鬥爭傳說，以及昭明所居之砥石來推測，商族亦曾活動於河北省中部和南部一帶，到目前為止，透過文獻研究，雖然無法確切指出商族的發源地所在，但根據商族先公遠祖的活動記載，大致上可以判斷成湯及其以前商族的活動地域，大概是在河北中部、南部和豫東魯西一帶，商族的發源地也應當在這地區之內。

至於考古學上的「先商文化」，鄒衡等諸位先生認為豫東魯西在相當於夏代時期的考古學文化是「岳石文化」，它與二里崗商文化不屬於同一個文化系

〔註91〕鄒衡，〈試論夏文化〉，《夏商周考古學論文集》，頁125。

〔註92〕李經漢，〈鄭州二里崗期商文化的來源及相關問題的討論〉，《中原文物》1983年第三期，頁37。

〔註93〕陳旭，〈鄭州商文化淵源試析〉，《中州學刊》1990年第一期，頁99。

統，因此商文化不可能發源於豫東魯西。相反地，在冀南、豫北一帶，可以找到一些早於二里崗商文化的重要文化內涵，如陶器器表多飾中、細繩紋，炊器都是以鬲、甗為主等，〔註94〕因此，豫北冀南的南關外型、輝衛型和漳河型文化即是先商文化。

考古學的研究成果，固然對歷史研究有很大的幫助，但也有其限度，除非證明文獻記載確實是錯誤的，否則它不能完全取代文獻記載。依照目前的考古學研究成果，河南、河北、山東地區夏商時期的考古學文化系統，已可排出較為明確的發展序列，鄒衡所主張先商文化分布於冀南豫北，這項觀點的立論頗為堅強，值得重視。但即使如此，它也只能說明冀南豫北是商人活動的一個重心所在。古代民族時常遷徙，未必都會在各地留下明顯的遺跡，或是其遺跡已出土而未被認識，豫東魯西既是文獻記載中商人活動的重要地區，自不能僅憑考古學研究成果，即輕易地否定商人不可能發源於此。

總而言之，依據文獻記載和考古學研究成果，顯示豫東魯西和冀南豫北，亦即黃河下游兩岸地區，是商人活動的中心所在，它與東夷族有密切的地緣關係，再加上商人與東夷都有鳥生傳說或鳥圖騰現象，兩者的關係應非比尋常。殷商文化的一些重要特徵，如白陶、黑陶及大量的專用灉器成組隨葬，以及玉器裝飾、象牙雕刻、卜骨等等，基本上都出現於大汶口文化、山東龍山文化和河南龍山文化之中，有的學者曾推測遠古的先商文化可能淵源於此。〔註95〕王玉哲認為先商的部落在遠古時期可能是在山東一帶活動，而做了如下的推測：

> 從上面文獻記載和田野考古方面考察，我們認為商族最達的祖居地
> 可能是山東，後來才向西北轉移，達到河北省的中部，即遊牧於北
> 至易水南至漳水等流域，到夏的末葉才把主力定居於河北省南部，
> 和山東省的西部，卒能西向滅夏，建立商王朝。〔註96〕

王氏的推論未必正確無誤，但論證縝密，有其參考價值。

透過以上從文獻記載和考古學研究對商族起源所做的考察，可以發現商族與東夷族具有深厚的關係：一、在地域上他們具有密切的地緣關係；二、在圖騰方面，他們都屬於鳥圖騰系統。據此，我們似乎可以這麼推測，商族

〔註94〕 李伯謙，〈夏文化與先商文化關係探討〉，《中原文物》，1991年第一期，頁5。

〔註95〕 張光直，〈殷商文明起源研究上的一個關鍵問題〉，《中國青銅時代》，頁90。佟柱臣，〈新的發現、新的年代測定對中國石器時代考古學提出的新問題〉，《社會科學戰線》，1979年第一期，頁217。

〔註96〕 王玉哲，〈商族的來源地望試探〉，《歷史研究》1984第一期，頁77。

極有可能與東夷具有族源關係，亦即他們是屬於同一民族，即使實情並非如此，至少他們也具有深厚的淵源。考察商族與東夷族的淵源關係是具有重大意義的，因為夏商周三代的民族發展史，基本上呈現夷夏對峙的局面，了解了商族與東夷的關係，對於夷夏相爭的歷史將有更深一層的認識。

第二節　東夷與商王朝的關係

有關商代東夷的發展概況，文獻記載相當簡略，古本《竹書紀年》曰：

> 仲丁即位，征于藍夷。〔註97〕

又曰：

> 河亶甲整即位，自囂遷于相。征藍夷，再征班方。〔註98〕

藍夷是否為東夷的一支不得而知，不過東夷的部族極多，《竹書紀年》曾載夏后芬三年九夷來御，「九夷」是畎夷、于夷、方夷、黃夷、白夷、赤夷、玄夷、風夷、陽夷，〔註99〕「九」乃形容其數目眾多，藍夷雖不在其列，但也不能排除它是東夷的可能性。〔註100〕

此外，春秋時楚大夫椒舉曰：

> 商紂為黎之蒐，東夷叛之。〔註101〕

晉大夫叔向曰：

> 紂克東夷而隕其身。〔註102〕

前者言紂王在黎這個地方舉行軍事上的大蒐禮，卻發生東夷反叛之事；後者乃言紂王因伐東夷而導致亡國，其間詳細情形如何，文獻缺乏記載。《後漢書‧東夷傳》總述商代東夷的發展情形曰：

> 桀為暴虐，諸夷內侵，殷湯革命，代而定之。至于仲丁，藍夷作寇。
> 自是或服或畔，三百餘年。武乙衰敝，東夷浸盛，遂分遷淮、岱，
> 漸居中土。

根據這些簡略的記載，似乎東夷與商王朝大致上相安無事，直到商末才造成商

〔註97〕《後漢書‧東夷傳》注所引。
〔註98〕《太平御覽》卷八三「皇王部」所引。
〔註99〕《太平御覽》卷七八〇「四夷部」所引。
〔註100〕郭沫若謂藍夷是林夷，李白鳳認為藍夷應是萊夷（見《東夷雜考》，齊南，齊魯書社，1981年9月，頁72）。
〔註101〕《左傳》昭公四年。
〔註102〕《左傳》昭公十一年。

王朝的重大威脅。徐旭生認為殷商一代，有關三集團相互關係的史料保存很少，這或許是因為商人本為東方氏族，他們的都會有不少在東方，建樹立國規模的伊尹又為東方人，他們處理東方的事情或許比較得宜，所以商王朝與東夷的關係沒有產生重大變化。〔註103〕孫作雲亦認為，商代東夷作亂的紀事，僅仲丁和河亶甲各征藍夷一次，其餘四百九十六年之間全無記載，這表示商人本為東夷，商湯滅夏，等於夷人滅中國，夷人做了統治者，當然就無須內鬨了。〔註104〕

　　徐、孫二氏均認為商人與東夷關係密切，所以雙方在數百年間，很少發生重大衝突。這項推測固可言之成理，但實情是否如此，卻不無可疑。《後漢書‧東夷傳》謂東夷「或服或畔，三百餘年」，此語雖不見於先秦文獻，但范曄如此記載當有所本。先秦時代之記事本較簡略，加以典籍又常散佚或遭焚燬，許多史實均堙沒不彰，以西周為例，後世出土的金文中，發現不少周王室征伐東夷、淮夷的事件，許多都不見於文獻記載。〔註105〕以此例之，商代也應有一些關於東夷的史實沒而不聞。在現存的商代卜辭和金文中，就有一些征伐夷人的資料而不見於典籍之記載，可以補充文獻之不足。

　　卜辭中有一些征伐夷方的資料，夷字作{{符號}}，或隸定為"人"。郭沫若最先在這方面進行研究，郭氏曰：

> 舊多釋尸為人，余謂當是尸字，假為夷，它辭言："在齊餗佳來征尸方"，則夷方即東夷也，征夷方所至之地有在淮河流域者，則殷代夷方乃合山東之島夷與淮夷而言。〔註106〕

董作賓也在《甲骨文斷代研究例》一書中，對夷方做過討論，〔註107〕後來在《殷曆譜》中有更詳細的論述（董氏稱夷方為"人方"），在這方面的研究上具有開創性的貢獻。董氏將征伐人方的卜辭編成「帝辛征人方日譜」，茲簡錄「日譜」如下：

〔註103〕徐旭生，《中國古史的傳說時代》（北京，科學出版社，1959 年修訂版），頁120。

〔註104〕孫作雲，〈后羿傳說叢考——夏時蛇鳥豬鼈四部族之鬥爭〉，《中國學報》，第一卷第五期（民國33 年），頁60。

〔註105〕參見本文第四章第一節「西周時代的東夷」。

〔註106〕郭沫若，《卜辭通纂》，收入《郭沫若全集‧考古編第二卷》（北京，科學出版社，1982 年。原出版於1933 年，東京文言堂；1958 年北京科學出版社修訂出版），頁462。

〔註107〕董作賓，《甲骨文斷代研究例》（中央研究院歷史語言研究所專刊之五十附冊，民國54 年），頁50～59。

十 祀	九 月	甲午	王從侯喜征人方，邁上甲　袞。
		癸亥	王在雇，征人方。
	十 月	癸酉	王在臺。
		癸未	王征人方。
		乙酉	王在香。
		癸巳	王在雷，征人方。
	十一月	辛丑	王在商。
		癸卯	王在苔，征人方。
		癸丑	王在亳，征人方。
		甲寅	王在亳，夕至于鴊。
	十二月	己巳	王在刉，步于攸。
		癸酉	王在攸，征人方。
		乙酉	王在淢，步于淮，夕至。
		丙戌	王在淮。
		庚寅	王在瀇，屮林方。
十一祀	正 月	戊戌	王在勆，步于潊。
		壬寅	王在炅，步于永。夕至。
		癸卯	王在攸侯喜鄙永，步于澄，夕至，王來征人方。
	二 月	癸酉	王在攸，王來征人方。
		癸巳	王在齊（棟），惟王來征人方。
	三 月	辛酉	王在勆，步于淮。
	四 月	庚寅	王在敁，步于杞。
		癸巳	王在斉、呻学、商鄙。餕于噩，惟來征人方。
	五 月	乙巳	王在兮，田于商，王來征人方。
		丙午	王在商，步于樂。
		庚戌	王在噩，步于香，夕至。
	六 月	癸酉	王在云，奠河邑，惟來征人方。
	七 月	癸卯	王來征人方。
		癸丑	
		癸亥	

董氏認爲整個征人方歷程，從十祀九月卜征人方，至十一祀七月癸卯，並閏月計之，凡歷時十二月，[註108] 並繪出往返路線圖（見圖五）。陳夢家考證征人方的來回路線與董氏略爲不同，其言曰：

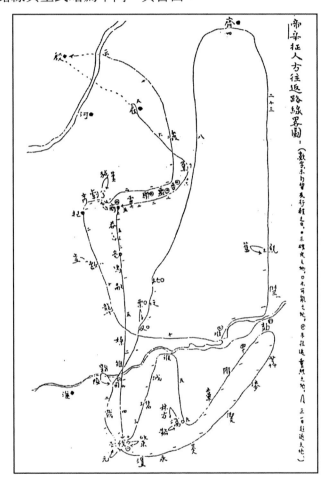

圖五：帝辛征人方往返路線略圖

（採自董作賓，《殷曆譜》卷九「帝辛日譜」，六四葉）

（征人方）來回的路線可分五段。第一段自大邑商至雇，係從太行

山南麓沿沁水南岸至沁入古代大河處，回程在云渡河，當與去程之
雇相近。第二段自雇至商或自商回云，往來皆經香、靈、樂、𦥑等
地。第三段由商至𡥀或自𡥀回商，往程經過亳，回程繞行杞、齊等
地，來回當沿睢水兩岸。第四段自𡥀至攸或由攸回𡥀，回程很明顯
的沿睢水兩岸。第五往程自攸沿澮水南下渡淮征林方，回程經過若
干河流而至攸。此五段來回路線，大致與沁、睢、澮等水同爲東南
向的移動。……所經過之處都是平原，即黃河南的東南的豫境與淮
河北的皖境，屬於春秋時代鄭、周、宋和楚之北境。〔註109〕

陳氏並認爲此次伐人方是"從攸侯"，即應攸侯之請而出兵，商王朝是以宗
主國保護小邦的形式出征。〔註110〕據此似乎是夷方侵伐攸侯疆土，而導致攸
侯請求商王朝出師伐夷方。

除了董氏、陳氏之外，日本學者島邦男也對征伐夷方卜辭做了研究，島
氏大體上贊成董氏的見解，但在地名的考訂和材料的取捨上做了一些修正，
並繪出往返路線圖（圖六）。〔註111〕另外，也有其他學者反對這項見解，或主

〔註109〕陳夢家，《殷虛卜辭綜述》（北京，科學出版社，1956 年），頁308〜309。陳
氏認爲征人方的歷程，始於王十祀九月甲午，終於第二年五月癸丑，中有一
閏月，計二百六十日。大邑商在沁陽地區，雇在河南原武，𦥑在鄭州附近，
商在河南商邱縣附近，亳在商邱縣南穀熟集一帶，攸在永城縣南部，齊非山
東營丘，淮爲淮河，林方在淮水之南，當是淮夷之邦。整個征夷方歷程，是
自大邑商出發，中經商、亳而及於淮水，然後再由攸、商而返回沁陽田獵區
（見《殷虛卜辭綜述》，頁301〜310），並排訂路程表如下：

大邑商	雇	𦥑	商	亳	𡥀	攸	淮	灞𣲑
甲午 →29	癸亥 →28	辛卯 甲午 →8	壬寅 →11	癸丑 甲寅 →7	辛酉 →12	癸酉 己卯 →7	丙戌 →4	庚寅
		癸卯 ←20		癸未 ←10	癸酉 癸卯 ←9			甲午
		丙午 ┘3						
曹	云							
癸卯 ←30	癸酉 ←27							
沁陽縣	原武縣		商丘縣	穀熟集	夏邑縣	永城縣	五河縣	

〔註110〕陳夢家，《殷虛卜辭綜述》，頁312。
〔註111〕島邦男認爲帝辛征夷方，是從十祀九月丁酉出發，先往齊地討伐東夷，然後

張夷方位於渭水中游，[註112] 或以爲夷方位於江漢。[註113] 但從商、亳、攸、淮、永等地名來看，董氏等諸位學者的見解應較爲可信，日本學者白川靜亦曰：「人方，似乎是夷系之中實力強大的部族，大概居於淮水之下游。」[註114]

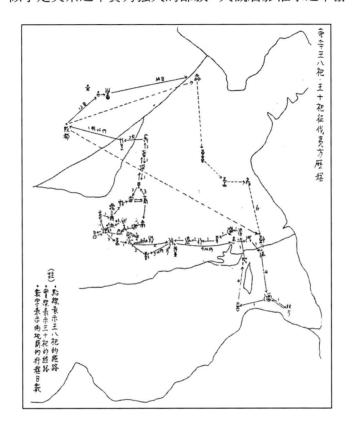

回算至商邑，再渡過淮水討伐林方，戰爭結束後便轉回歸途。這個歷程，從十祀九月上旬甲午卜征夷方，三日後的丁酉開始出發，至次年四月中旬返回殷都，一共費時八個月（見島邦男著，溫天河、李壽林譯，《殷墟卜辭研究》，台北，鼎文書局，民國 64 年 12 月，頁 389～395）。又島氏將董作賓排定的日譜中，認爲從「在齊」到「在勸」的片子，是帝辛八祀的卜辭，故主張帝辛八祀曾征伐夷方（見同書，頁 398～399）。

[註112] 李學勤認爲商王的重要田獵區，東起河南輝縣，西至山西西南陽及其以西，南抵黃河，北達太行山，帝乙征夷方所經過的雇、勸等地，靠近田獵區的敦區，並濱於黃河，淮即陝西之褒水，故帝乙征夷方是西向用兵，及於渭水中游（見李氏著《殷代地理簡論》，北京，科學出版社，1959 年，頁 37～60）。

[註113] 鄧少琴、溫少峰，〈論帝乙征"人方"是用兵江漢〉，《社會科學研究》1982年第三、四期。

[註114] 白川靜著，溫天河、蔡哲茂譯，《金文的世界》（台北，聯經出版事業公司，民國 78 年 8 月），頁 26。

圖六：帝辛王八祀、王十祀征伐夷方歷程
（採自島邦男，《殷墟卜辭研究》，頁 397）

殷商晚期除了卜辭所記載征夷方的資料之外，金文中亦有征夷方的記載，〈喬乍母辛卣〉銘文曰：

> 乙巳，子令小子喬先呂（以）人于
>
> 莫，子光商（賞）喬貝二朋，子曰："貝
>
> 惟子茋曆"，喬用乍（作）母辛
>
> 彝，在十月二。惟子曰："令望夷方莧"。（圖七）〔註115〕

"望"是偵察之意，〔註116〕"莫"是夷方首領的名字，銘文大意是說喬的長官子先命喬先率軍駐紮於"喬"，並偵察夷方軍情，喬順利完成使命，因而受到獎賞。另一件金文〈文父丁簋〉銘文曰：

> 癸巳，訊商（賞）小子岡貝
>
> 十朋，在菁自，惟訊令
>
> 伐夷方莧，〔岡〕用
>
> 乍文武丁障彝，
>
> 在十月彡。（圖八）〔註117〕

銘文云訊受命征伐夷方莧，訊在菁自賞其下屬岡貝十朋，岡因此作器以紀念父丁。此器銘文亦載征伐夷方莧，則與〈喬乍母辛卣〉銘文所載可能是同一件事。另一件金文〈小臣艅尊〉銘文曰：

> 丁巳，王省夔，享，
>
> 王易（錫）小臣艅夔貝，
>
> 隹王來正（征）夷方，隹
>
> 王十祀又五彡日。（圖九）〔註118〕

銘文云王十五祀（年）在征夷方的歸途，在夔個地方賞賜小臣艅夔貝。〈小臣艅尊〉記載商王十五年伐夷方，但不知是何王，有的學者認為以上三件銅器是同時所作，是帝辛時期之事，〔註119〕但也有學者主張它們是帝乙時器。

〔註115〕羅振玉，《三代吉金文存》13‧42‧2（台北，明倫出版社，民國59年）

〔註116〕鄧少琴、溫少峰，〈論帝乙征"人方"是用兵江漢（上）〉，《社會科學研究》，1982年第三期，頁68。

〔註117〕羅振玉，《三代吉金文存》8‧33‧2。

〔註118〕中村不折，《書道全集》（書道院影印，昭和六年，1931年）。

〔註119〕白川靜，《金文的世界》，頁26。

第三章　商代的東夷

〔註120〕

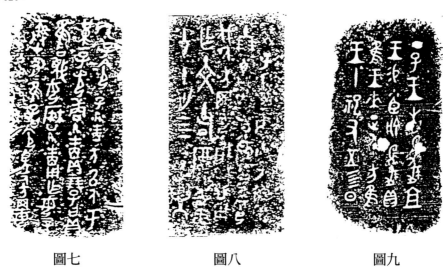

圖七　　　　　　　　　圖八　　　　　　　　　圖九

圖七：〈喬午母辛卣〉銘文（採自羅振玉，《三代吉金文存》13‧42‧2）

圖八：〈文父丁簋〉銘文（採自羅振玉，《三代吉金文存》8‧33‧2）

圖九：〈小臣艅犀尊〉銘文（採自白川靜，《金文的世界》，頁24）

　　文獻中有關商代東夷的記載相當簡略，卜辭和金文記述商王朝曾征伐夷方，使我們對東夷與商王朝的關係有更進一步的認識。〈小臣艅犀尊〉銘文載商王十五祀曾親征夷方，但不知是何王。卜辭亦載商王十祀親征夷方，但此王是帝乙或帝辛，學者的看法不一。〔註121〕要而言之，商代晚期帝乙或帝辛時期，曾兩度征伐夷方，據卜辭所載，伐夷方曾及於淮水以南，奇怪的是卜辭中卻無攻擊夷方的記載，董作賓因此認為「殆帝辛率攸國之師，大軍所至，叛者讋服，不待殺伐，而所謂『人方』者，已俯首貼耳，風平浪息矣。」〔註122〕不過，這

〔註120〕鄧少琴、溫少峰，〈論帝乙征"人方"是用兵江漢〉，《社會科學研究》1983年第三、四期。

〔註121〕郭沫若、董作賓、島邦男和白川靜等人認為這些卜辭屬於帝辛時期（見郭氏《卜辭通纂》，頁470；董氏〈帝辛征人方日譜〉；島氏《殷墟卜辭研究》，頁389；白川靜《金文的世界》，頁26）。李學勤、鄧少琴、溫少峰和何幼琦等人則主張這些卜辭屬於帝辛時期（見李氏《殷代地理簡論》，頁37；鄧少琴、溫少峰〈論帝乙征"人方"是用兵江漢〉；何幼琦〈帝乙、帝辛紀年和征夷方的年代〉，《殷都學刊》1990年第二期，頁6）。陳夢家則籠統稱之為乙辛時期卜辭（見《殷虛卜辭綜述》，頁301）。

〔註122〕董作賓，《殷曆譜》下篇卷九〈帝辛征人方日譜〉，第61頁。

－51－

也有可能是卜辭殘缺所致。〔註123〕

　　根據《左傳》的幾處記載，東夷與商王朝關係不睦，似乎是造成商王朝滅亡的主要因素。楚大夫椒舉曰：「商紂爲黎之蒐，東夷叛之。」（昭公四年）晉大夫叔向曰：「紂克東夷而隕其身」（昭公十一年），周大夫萇弘曰：「大誓曰：『紂有億兆夷人，亦有離德。』」（昭公二十四年）卜辭和金文所載伐夷方之事，爲文獻記載提供了有力的佐證，徐中舒因此推測道：

> 蓋商人治兵於黎即所以防周，故周人即嗾使東夷叛之，以爲牽掣之師。其後紂克東夷，周人即乘之以戡黎，辛以滅商。〔註124〕

又云：

> 殷商雖當末世，其戰伐之功與人徒之眾，猶煊奕一時。惟以輕用其力，或即屢與夷方搆兵，疲於奔命，致爲周人所乘。〔註125〕

不過，商王朝之覆亡，是否是因伐東夷所致，學者之間存有不同的看法。有些學者認爲商王朝的滅亡，實與其內部的紛爭密切相關，〔註126〕牧野之戰紂軍大敗，係因反對派的貴族軍隊前徒倒戈所致，因爲伐東夷導致國力耗損，

〔註123〕陳夢家舉出下列一片卜辭：
　　　　丙午卜才攸貞王其乎□
　　　　□執胄人方□，焚□□
　　　　弗每，才正月隹來正人〔方〕（哲庵315）
　　　　而認爲這是於歸程小駐時記執其酋長焚其□□之事（見《殷虛卜辭綜述》，頁305）。
〔註124〕徐中舒，〈殷周之際史蹟之檢討〉，原載《中央研究院歷史語言研究所集刊》，第七本第一分（民國25年12月）。收入氏著《上古史論》（台北，天山出版社，民國75年2月），頁21。
〔註125〕徐中舒，〈殷周之際史蹟之檢討〉，頁22。
〔註126〕據董作賓的研究，殷王祖甲曾實行過大規模的改革，因而使殷代禮制分爲新舊兩派，由此導致新舊兩派政潮起伏的鬥爭（見〈殷代禮制中的新舊兩派〉，《大陸雜誌》，第六卷第三期（民國42年2月），頁3。
　　　　王師仲孚綜合新舊史料，認爲自祖甲改革後，形成新舊兩派激盪，引發政爭，殷商的覆亡實與長期黨爭有關；紂的重要罪惡，所謂不祭祀祖先、不事奉上帝，顯示新派改革祭祀，不祭祀上甲以前的先公遠祖，而遭到舊派的攻擊，文獻所保留者多係舊派及周人的指斥；所謂殺害直臣，任用小人，顯然是新舊黨爭愈演愈烈的現象，紂王對舊派某些人採取嚴厲的手段，加以疏遠或棄用，遂成爲舊派及周人據以攻擊紂王的口實；由於長其黨爭的結果，殷人顯已失去共同信仰以及是非判斷的標準，思想紛歧、社會混亂、紀綱蕩然，在愈演愈烈的政爭下，殷人離心離德，「有道者」相率求去，這些錯綜複雜的因素相互激盪，實爲促使商王朝瓦解的重要原因（見〈殷商覆亡原因試釋〉，《國立台灣師範大學歷史學報》第十期，頁7～11，民國71年6月）。

並非殷商王朝覆亡的主要原因。〔註127〕

　　東夷與商王朝發生衝突，究竟對商王朝產生什麼影響，我們可以透過對商王朝政治體制的分析略窺一二。根據學者的研究，商代晚期已出現封建制度，在殷邦內外及其邊域上，有許多大小邦的諸侯，這些諸侯對於殷王朝有貢納農作物和爲王征伐的義務，而殷王朝對於這些諸侯也有保護的義務。〔註128〕有的學者進一步指出，商王朝當時實際控制的區域只有冀南豫中一帶，其他的諸侯大都是一些方伯，商王朝是"大邦"，諸侯是"小邦"，商王朝與這些諸侯的關係，是"小國事大國，大國比小國"，商王朝就是這樣一個以殷爲中心，由許多既具有隸屬關係又具有聯屬關係的邦族所構成的不平等方國聯盟。〔註129〕這種聯盟形式極不穩定，各種聯盟關係隨時都有突然破裂和重新組合的可能，所以商王朝對所有方國都隨時保持警惕，並廣泛結交同盟國。〔註130〕商王朝與諸侯的主要軍事關係，是相互配合，相互救援，諸侯爲殷之屏障，敵國侵擾了諸侯，即威脅了王國，所以殷王經常爲侯伯被侵擾而助征，卜辭中所載殷王從攸侯喜征夷方即此例。

　　商代晚期，周邦逐漸強大，文王"率殷之叛國以事殷"，一個新的方國聯盟興起，嚴重威脅到商王朝的霸權，史稱「商紂爲黎之蒐，東夷叛之」，蒐是軍事演習，學者認爲黎在今山西長治縣，其地當太行山之西，爲河朔咽侯，

<hr>

〔註127〕羅祖基指出，紂王採取尚賢政策而排斥親親，導致與傳統勢力之間產生矛盾，並且以微子爲首的貴族集團的反紂活動，在當時十分活躍；紂王的失敗，是商師崩畔所造成，崩畔的原因與貴族的反紂內應有很大關係，尤其是當時的多子族就是微子等人的家族，他們是商師的主力之一，他們的倒戈反紂是導致紂王敗亡的直接原因（見〈對商紂的重新評價〉，《齊魯學刊》，1988 年第三期，頁 39～40）。有的學者甚至認爲紂王在位至少在二十年以上，卜辭和金文中所記載伐東夷的行動，距離牧野之戰至少在五年以上，所以牧野之戰與"紂克東夷"無關（見羅竹林，〈紂克東夷與牧野之戰〉，《學術研究》1982 年第五期，頁 105。

〔註128〕陳夢家，《殷虛卜辭綜述》，頁 332。

〔註129〕王冠英，〈殷周的外服及其演變〉，《歷史研究》1984 年第五期，頁 86。王玉哲指出，商王朝直轄的地區，大概相當於今河南省北部和中部部分地區，另外在南北廣大地區散布著數十個與商同姓和有姻親關係的異姓方伯諸侯，這些方國各自爲政，對商的關係只是名義上的服屬和道義上的支援，所以殷商末年武王克商，只把商的都邑攻下，摧毀了商的軍事力量，商王朝就算亡了（見〈殷商疆域史中的一個重要問題〉，《鄭州大學學報》1982 年第二期，頁 42）。

〔註130〕劉釗，〈卜辭所見殷代的軍事活動〉，《古文字研究》第十六輯（1989 年 9 月），頁 103、107。

去紂都朝歌不遠，是殷、周兩國必爭之地，紂王治兵於黎蓋即以防周。〔註131〕
紂王在黎舉行軍事的大蒐禮，引起東夷的反抗，東夷之反是因周人之鼓動，
或有其他原因不得而知，但東夷反商應會對商王朝產生不利的影響。根據典
籍、卜辭和金文的記載，商代晚期東夷的分布情形，在山東地區有曲阜的奄
國、齊地的蒲姑和萊國，以及徐〔註132〕、豐〔註133〕、郯、任、宿、須句、顓
臾等；在淮水流域有夷方、林方等，卜辭中有如下一片記載：

> 乙巳卜，叀〔東隹尸〕
>
> 〔乙巳卜，叀南隹尸〕
>
> 乙巳卜，叀西隹尸
>
> 乙巳卜，叀北隹尸。〔註134〕

陳夢家認為隹夷即是鳥夷，〔註135〕惟不知何以分成東西南北。總之，商代晚
期東夷也是一個強大的集團，商王朝在西有以周邦為主的西土聯盟的威脅
下，又與東方東夷集團（或至少是淮水流域的夷人）的關係處於緊張狀態，
這對商王朝將造成相當不利的影響，所謂「紂克東夷而隕其身」，或許是指這
個情勢而言。

　　總而言之，東夷雖然與殷商民族有深厚的歷史淵源，但從典籍和卜辭、
金文的記載來看，商代晚期東夷似乎與商王朝處於對立的狀態，並對商王朝
的覆亡產生相當不利的影響，《後漢書・東夷傳》所謂「至于仲丁，藍夷作寇，
自是或服或畔，三百餘年」，蓋非虛言。不過，若與夏、周兩朝比較起來，東
夷與商王朝的衝突程度要緩和許多，後來三監反周，東夷又與武庚聯合對抗
周王室，東夷這種既與商王朝對立，又能與紂子武庚結盟的態度，似乎反映
出它們一方面既與殷商民族具有深厚淵源，另一方面或許隨著殷商民族的強
大，乃至建立王朝，雙方遂在政治上逐漸產生隔閡對立的情勢。

〔註131〕徐中舒，〈殷周之際史蹟之檢討〉，《中央研究院歷史語言研究所集刊》第七本
　　　　　第一分，頁 19～21。

〔註132〕王玉哲認為殷末周初的徐在今山東滕縣（見〈周公旦的當政及其東征考〉，《西
　　　　　周史研究》，西安，人文雜誌叢刊第二輯，1984 年 8 月，頁 137）。
　　　　　顧頡剛主張徐當時在今山東蘭山、郯城一帶（見〈徐和淮夷的遷、留——周
　　　　　公東征史事考証四之五〉，《文史》第三十二輯，1990 年 3 月，頁 3）。

〔註133〕見〈興方鼎〉，載於吳其昌，《金文厤朔疏證》卷一，第 10 頁（上海，商務印
　　　　　書館，民國 25 年 12 月）。

〔註134〕羅振玉，《殷虛書契後編》卷下 36・6（台北，藝文印書館，民國 48 年）。

〔註135〕陳夢家，〈隹夷考〉，《禹貢》第五卷第十期（民國 25 年 7 月），頁 15。

第四章　西周和春秋時代的東夷

第一節　周初的東征與東夷

　　西周初年，國勢極不穩定，牧野一戰武王克殷之後，封建諸侯，立三監，旋即班師西歸。不過，武王的分封實不能到達殷都以東，[註1] 表面上周人似已代殷而有天下，實則殷人的勢力仍然散布在廣大的東方，紂王之子武庚還統治一部分殷人舊地，東方各邦國氏族，尤其是東夷似乎未歸服周人，周人政權尚未鞏固。在「天下未集」[註2] 的情況下，武王卻在克殷後二年崩逝，[註3] 由其弟周公攝政，但周公攝政引起管叔、蔡叔的不滿，爆發了「三監之亂」，因而有周人的東征，在這場事變中，東夷的態度是支持三監反周。

　　三監是指管叔、蔡叔和武庚，[註4] 武庚與管、蔡聯合反周，據《尚書大

─────────────────

〔註1〕傅斯年，〈大東小東說──兼論魯燕齊初封在成周東南後乃東遷〉，《中央研究院歷史語言研究所集刊》第二本第一分（民國 19 年 5 月），頁 101。

〔註2〕《史記・周本紀》

〔註3〕有關武王卒於克殷後何年，典籍有多種不同的記載，《尚書・金縢》和《史記・周本紀》、〈封禪書〉皆謂在克殷後二年；《逸周書・作雒解》云在克殷當年，〈明堂解〉卻謂在克殷六年；《管子・小問》謂在克殷七年；《淮南子・要略》謂在三年。以上各書的說法以二年說較為可信，一方面這是《尚書》和《史記》之通說，可靠性較高；二方面武王若有在位六、七年之久，絕無不營建東都，立下治國規模之理（參見杜正勝，〈尚書中的周公〉，《大陸雜誌》第五十六卷第三、四期（民國 67 年 4 月）；亦收入《周代城邦》附錄，台北，聯經出版事業公司，民國 68 年）。

〔註4〕「三監」是指管叔、蔡叔、霍叔，抑或管叔、蔡叔、武庚，歷來有不少的爭論，清儒王引之的《經義述聞》卷三「三監」條下，對文獻中有關記載進行

─────────────────

傳》的記載是出自奄君的鼓動，《大傳》曰：

> 奄君薄姑謂祿父（即武庚）曰：「武王既死矣，今王尚幼矣，周公見
> 疑矣，此百世之時也，請舉事！」然後祿父及三監叛也。

薄姑是國名，非奄君之名，可能伏生所記有誤。奄的都城在今曲阜，是東夷
中的大國，由此看來，武庚的反周實際上似是以東夷爲其重要後盾。《呂氏春
秋·察微篇》載管、蔡之亂時有「東夷八國不聽之謀」，亦反映出東夷支持武
庚反周的情況，《逸周書·作雒解》曰：

> 周公立，相天子，三叔及殷東徐、奄及熊、盈以畔。……（周公）
> 征熊、盈族十有七國。

徐、奄、郯等皆嬴姓國家，「熊」則不知指那些邦國。〔註5〕總而言之，三監
的反周曾獲得東夷的大力支持，這個事件蘊含著多種意義，第一，它代表著

了排比、分析道：

> 監殷之人，其說有二。或以爲“管叔、蔡叔”，而無“霍叔”，定四年《左傳》、
> 〈楚語〉、《〈小雅·棠棣〉序》、《〈豳風·鴟鴞傳〉》、《破斧傳》、《呂氏春秋·察
> 微篇》、〈開春篇〉、《淮南·氾論篇》、〈泰族篇〉、〈要略篇〉、《史記·周本紀》、
> 〈魯世家〉、〈管蔡世家〉、〈衛世家〉是也。或以爲“管叔、霍叔”，而無“蔡
> 叔”，《逸周書·雒篇》、《商子·賞刑篇》是也。武庚及二叔皆有監殷臣民之責，
> 故謂之“三監”。或以爲“武庚、管、蔡”爲三監，或以爲“武庚、管、霍”
> 爲三監，則傳聞不同也，……而以“管、蔡、霍”爲三監，則自康成始爲此說。
> 據王氏的分析，從春秋到西漢的文獻皆載“三監”是武庚與二叔，都有監殷
> 臣民之責，後來流行以三叔爲監武庚的“三監”的說法，是始於東漢末年的
> 鄭玄（《毛詩譜》）。因此，以三叔爲三監的說法是較後起的，而且不夠可靠，
> 清代學者姚鼐在〈管蔡監殷說〉中云：「周謂諸侯君其民曰“監”，故曰“監
> 殷”非監制武庚之謂也。」〈見《惜抱軒全集·九經說五》〉《漢書·地理志》
> 謂以邶、鄘、衛封予武庚、管叔、蔡叔，「以監殷民，謂之三監」的說法應較
> 爲可信。近人顧頡剛對此一問題有詳細的討論（見〈“三監”人物及其疆地
> ——周公東征史事考證之一〉，《文史》第二十一輯，1982 年 10 月）。

〔註5〕王玉哲認爲楚國當時在山東、江蘇之間，是周公所征的熊、盈族之一（見〈周
公旦的當政及其東征考〉，載於《西周史研究》，西安，人文雜誌叢刊第二輯，
1984 年 8 月，頁 138）。
顧頡剛謂“熊”即指祝融族，包括楚、羅、夔等國，“熊、盈族”就是東方
的祝融族和鳥夷族兩大族（見〈三監及東方諸國的反周軍事行動和周公的對
策——周公東征史事考證之三〉，《文史》第二十六輯，1986 年 5 月，頁 3）。
李白鳳認爲熊爲“狋”之誤，盈的古字作「及」，傳寫爲「姑」，故「熊盈」
二字本來應該讀作「薄姑」，兩者係同音異字（見《東夷雜考》，濟南，齊魯
書社，1981 年 9 月，頁 92）。尚志儒在〈略論西周金文中的“彙夷”問題〉
一文中，亦贊同李氏之說〈載於陝西博物館編，《第二次西周學術史討論會論
文集》，西安，陝西人民教育出版社，1993 年 6 月）。

周王室內部的爭權糾紛；〔註6〕第二，這裡面隱藏著武庚恢復殷人舊業的企圖；第三，東夷支持三監對抗新興的周王朝，象徵著再一次的「夷夏相爭」。

　　三監與東夷，以及其他東方邦國聯合反周，聲勢非常浩大，河南中部以東的地區均屬反周集團所有，新建立的周王朝一時之間呈現搖搖欲墜之勢。面臨這樣險惡的局面，周王朝內部對於如何解決此一事變曾有爭議，許多邦君庶士反對東征，〔註7〕最後經由周王的剴切剖析，周人決定出師東征。周人東征的首要目標是敉平三監之亂，周師「臨衛政殷」，〔註8〕三監潰敗，〔註9〕大亂敉平，周王室度過了分裂崩解的危機，接下來的目標是繼續東進平服東夷。

　　散布在山東、淮河一帶的東夷是一個強大的部族集團，他們既支持三監反周，就當時的情勢而論，周人在敉平三監之亂後，勢必要進伐東夷不可，唯有平服東夷才能鞏固西周的基業。關於周初的征伐東夷，《書序》和《史記》常記作「伐淮夷」，〔註10〕這個用詞並不太準確，當作「伐東夷」為是。〔註11〕周人

〔註6〕葉達雄先生認為管蔡只是懷疑周公而已，並沒有反叛周朝之意，他們之所以叛周是因為武王逝世，周朝的內部不穩，加以管蔡的流言，給予武庚及殷遺有機可乘，而管蔡是相武庚治殷的，職責所在，在進退兩難的情況下只好作亂了（見《西周政治史研究》，台北，明文書局，民國71年12月，頁25）。

〔註7〕《尚書‧大誥》曰：爾庶邦君、越庶事、御事，罔不反曰：「艱大，民不靜，亦惟在王宮、邦君室。越予小子，考翼，不可征，王害不違卜？
語文大意是說不少邦君庶士反對東征，他們認為這次動亂太大，但也只是周王室和諸侯內部的糾紛，他們建議周王違背占卜結果不要東征。這些邦君庶士似乎是認為這場事變的導火線，是周公兄弟之間的權力紛爭，最好能妥善協調，不要觸發大戰。

〔註8〕《逸周書‧作雒解》。

〔註9〕三監被周公擊潰後遭遇如何，典籍記載不一。在二叔方面：①《左傳》定公四年：「王於是乎殺管叔而蔡蔡叔。」②《逸周書‧作雒解》曰：「管叔經而辛，乃囚蔡叔于郭淩。」③《商君書‧賞刑篇》云：「昔者周公旦殺管叔，流霍叔，曰：犯禁者也。」
武庚或曰北逃，或曰被殺：①《逸周書‧作雒解》：「殷大震潰，王子祿父北奔。」②《書序》：「成王既黜殷命，殺武庚，命微子啟代殷後，作〈微子之命〉。」③《尚書大傳》：「周公以成王之命殺祿父。」

〔註10〕《書序》：「成王東伐淮夷，遂踐奄，作成王政。」《書序》：「成王既黜殷命，滅淮夷，還歸在豐，作周官。」
《史記‧周本紀》：「召公為保，周公為師，東伐淮夷，殘奄，遷其君薄姑。」
《史記‧魯世家》：「管、蔡、武庚等，果率淮夷而反。周公乃奉成王命，興師東伐，……寧淮夷東土，二年而畢定。」

〔註11〕周初東征的主要對象是三監和山東地區的夷人，並及於淮夷，因此以淮夷作為周初東夷的代稱，在用詞上似乎並不準確，〈興方鼎〉銘文曰：「隹周公于征伐東夷。」即是例證。

與東夷的交戰是當時重大事件，但有關征伐東夷的經過，文獻記載相當簡略，出土的金文稍可彌補這方面的不足。

根據文獻記載，周人征伐東夷的戰況相當激烈，《詩・豳風・破斧》曰：「既破我斧，又缺我斨。周公東征，四國是皇。哀我人斯，亦恐之將！」受到征討或被滅的東夷邦國爲數甚多，《逸周書・作雒解》謂「凡所征熊、盈族十有七國」，《孟子・滕文公下》云「驅飛廉于海隅而戮之，滅國五十。」這些邦國多已無考，其中最重要的是奄、徐、蒲姑三國。蒲姑又寫作「薄姑」，是泰山北麓的大國，其都城在今山東博與縣南二十里，〔註12〕蒲姑之滅見於〈與方鼎〉，銘文曰：

> 隹周公于征伐東
> 尸、豐伯、專古（薄姑）咸哉。公
> 歸𤎩於周廟。戊
> 辰，酓（飲）秦酓，公賞
> 貝百朋，用乍障彝（圖一○）。〔註13〕

圖一○：〈與方鼎〉銘文

銘文言周公征伐東夷，滅了豐、蒲姑二國，然後歸祭周廟，豐國不詳所在，〔註14〕當與蒲姑相鄰，故一起爲周公所滅。蒲姑被滅，其地封給師尙父，

〔註12〕《左傳》昭公九年：「及武王克商，蒲姑、商奄，吾東土也。」杜注：「樂安博昌縣北有蒲姑城。」故城在今博興縣南二十里。

〔註13〕吳其昌，《金文厤朔疏證》卷一，第10頁（上海，商務印書館，民國25年12月）。

〔註14〕陳夢家推測豐國在曲阜之西南方（〈西周銅器斷代（一）〉，《考古學報》第九

即是齊國。〔註15〕

　　徐，也是當時反周的重要國家，〈作雒解〉提到反周的國家中有徐國，《左傳》昭公元年記趙文子之言曰：「虞有三苗，夏有觀、扈，商有姺、邳，周有徐、奄。」徐、奄並舉，顯示徐也是起事的一國，商末周初徐的所在地似乎是在山東。〔註16〕

　　周人與東夷的交戰，最重要的戰役是平奄。奄是個大國，大概是東夷反周集團的領袖，其都城曲阜傍於山丘，易守難攻，周人平奄並非直攻奄國，《韓非子・說林上》曰：

　　　　周公旦已勝殷，將攻商蓋，辛公甲曰：「大難攻，小易服，不如服眾
　　　　小以劫大。」乃攻九夷而商蓋服矣。

"商蓋"之蓋可能是"奄"之誤，商蓋即商奄，亦即奄。〔註17〕周公採取辛公甲的建議，先征服其他東夷小國，孤立奄國，再集中全力伐奄，果然順利平服奄國。〔註18〕

　　伐東夷之役周師大舉出動，成王似乎親自東征，〔註19〕曾率軍伐薵，〈禽

冊，1955年，頁32）。唐蘭認爲在今江蘇省北部的豐縣，在曲阜之南（《西周青銅器銘文分代史徵》，北京，中華書局，1986年12月，頁42）。顧頡剛認爲豐與蒲姑相近，故一起爲周公所滅（〈周公東征和東方各族的遷徙──周公東征史事考証四之一〉，《文史》第二十七輯，1986年12月，頁8）。

〔註15〕《左傳》昭公二十年記晏嬰謂齊景公曰：「昔爽鳩氏始居此地，季薊因之，有伯逢陵因之，蒲姑氏因之，而後太公因之。」

〔註16〕王玉哲認爲殷末周初的徐在今山東滕縣（見〈周公旦的當政及其東征考〉，《西周史研究》，頁137）。顧頡剛主張徐當時在今山東蘭山、郯城一帶（見〈徐和淮夷的遷、留──周公東征史事考証四之五〉，《文史》第三十二輯，1990年3月，頁3）。

徐是反周的主要國家之一，但典籍和金文中幾乎不見有關徐的記載，李白鳳認爲甲骨文金文中的虎方就是徐方（郭沫若在《兩周金文辭大系考釋》中已有此推測，見第17頁），虎、楚、徐、邾、鄹是同音異轉之字，周初伐楚之器即是伐徐（見《東夷雜考》，「徐夷考」，齊南，齊魯書社，1981年9月）。

〔註17〕見王念孫，《讀書雜誌》七之四（台北，廣文書局，民國51年）。

〔註18〕奄被平服後，所受懲罰極爲嚴屬，《尚書大傳》曰：「祿父及三監叛也，周公……殺祿父，遂踐奄。踐之云者，謂殺其身，執其家，瀦其宮。」即周公殺奄君，執其家族，毀其宮室挖成池塘。

〔註19〕〈小臣單觶〉銘文曰：
王後坂，克商，
才成自。周公易
小臣單貝十朋（下略）（郭沫若，《兩周金文辭大系考釋》，頁2）。
銘文言王再度克商，周公賜小臣單貝，此王似乎爲成王。

簋〉銘文曰：

> 王伐蓋厌，周公
>
> 某（謀），禽祝，禽又
>
> 殴祝，王易金百寽（下略）（圖一一）。〔註 20〕

圖一一：〈禽簋〉銘文

　　蓋，或說爲"楚"，〔註 21〕或釋爲"奄"，〔註 22〕學者意見不一，似乎以釋"楚"較爲合理。〔註 23〕銘文言王伐楚侯，周公策謀，伯禽行祝禮有功受賞，周初楚國的所在地，有的學者主張是在淮水下游一帶。〔註 24〕

　　召公也滅了部分東方邦國，〈保卣〉銘文曰：

> 乙卯，王令保及殷東或（國）五厌（侯），征（誕）兄（荒）六品（下

〔註 20〕郭沫若，《兩周金文辭大系考釋》，頁 11。

〔註 21〕郭沫若，《兩周金文辭大系考釋》，頁 11。

〔註 22〕陳夢家，〈西周銅器斷代（二）〉，《考古學報》第十冊（1955 年），頁 59。

〔註 23〕將"蓋"釋爲"奄"者，謂蓋從去得聲，讀爲蓋，《韓非子·說林》將"商奄"記爲"商蓋"，可知蓋、奄可以相通，故蓋侯即爲奄侯。但羅振玉和郭沫若均將此字釋爲楚，李白鳳認爲 ![字] 、 ![字] （〈令簋〉）、 ![字] （〈剛劫尊〉）三字均爲"楚"字，意爲「適于林莽」（見《東夷雜考》，濟南，齊魯書社，1981 年 9 月，頁 108～109），此說似較合理。

〔註 24〕郭沫若認爲楚之先實居淮水下游，周初東征時受周人壓迫才向西南遷徙（見《金文叢考·金文所無考》，台北，大通書局）。

　　王玉哲主張商末周初時的楚國，位於山東、江蘇之間，是周公所征的熊、盈族之一（見〈周公旦的當政及其東征考〉，載於《西周史研究》，西安，人文雜誌叢刊第二輯，1984 年 8 月，頁 138）。

略）（圖一二）。〔註25〕

及，郭沫若釋爲逮捕之意，〔註26〕 "殷東國五侯" 當指東方反周的某五國。
荒，顧頡剛釋爲亡，六品是六國，即召保曾滅了東方六國。〔註27〕可惜銘文
沒有把這六國的國名列出，因此無從知道召公的行軍路線。

圖一二：〈保卣〉銘文

平奄之後東征的行動大概就告一段落〔註28〕，故典籍有以伐奄作爲征伐東夷
的代表，孟子曰：「（周公）伐奄三年討其君。」〔註29〕《尚書大傳》曰：「周
公攝政，一年救亂，二年克殷，三年踐奄，四年建侯衛。」透過這次東征，
周人的勢力才到達山東境內，〔註30〕鞏固了建國基業，控制了徐、奄、蒲姑

〔註25〕　郭沫若，〈保卣銘釋文〉，《考古學報》1958 年第一期，頁 1。
〔註26〕　郭沫若，〈保卣銘釋文〉，《考古學報》1958 年第一期，頁 1。
〔註27〕　顧頡剛，〈周公東征和東方各族的遷徙——周公東征史事考證四之一〉，《文史》
　　　　第二十七輯（1986 年 12 月），頁 12。
〔註28〕　葉達雄先生考證金文地名，認爲周初東征路線可得如下假設：①成王平定管、
　　　　蔡三亂後，即率軍再向東伐彔子，以及楚。也就是淮水流域一帶，包括河南、
　　　　安徽、江蘇、山東的交界地區。②周公平定武庚之亂後，再向東伐奄（即山
　　　　東曲阜）及豐，再進到山東諸城縣。包括山東省中部及靠海地區。③伯懋父
　　　　以牧野爲根據地，沿泰山、勞山的北麓一直到海的地區（包括萊夷），也就是
　　　　山東省北部一帶（見《西周政治史研究》，頁 35～36）。
〔註29〕　《孟子·滕文公下》。
〔註30〕　杜正勝氏認爲周公東征主要是平服管蔡武庚，踐奄附之，大事征伐東夷則在
　　　　致政之後（見〈尚書中的周公〉，頁 173），這項觀點值得商榷。
　　　　《韓非子·說林上》記載周公征伐東夷是攻九夷而服商奄，顯然周公曾跟東
　　　　夷有過大規模的交戰，即使是依新出土的金文資料，也看不出周公是在致政
　　　　後才大事征伐東夷。就當時的情勢而論，東夷支持三監反周，周公救平三監

等地區，這時的周王室遂基本上統一了黃河中下游流域。

　　周人東征三年，戡平三監之亂，降服東夷，東方大致底定，這是軍事的征服，爲求鞏固這些地區的統治，繼之而有「二次封建」。關於封建的概況，荀子曰：

> （周公）兼制天下，立七十一國，姬姓獨居五十三人焉，周之子孫，苟不狂惑者，莫不爲天下之顯諸侯。〔註31〕

這些封國已不可詳考，但《左傳》還載有二十六個姬姓國家。春秋時周王室大夫富辰曰：

> 昔周公弔二叔之不咸，封建親戚，以藩屏周。管、蔡、郕、霍、魯、衛、毛、聃、郜、雍、曹、滕、畢、原、酆、郇，文之昭也。邘、晉、應、韓，武之穆也。凡、蔣、邢、茅、胙、祭，周公之胤也。
> 〔註32〕

據陳槃氏的考證，這二十六國的分布情形，在河南者十二，約當全數之半，在山東者六，在陝西者二，在山西者四，在河北者二。〔註33〕雖然這只是列舉文王、武王、周公的子胤，未將全部封國算入，但也能代表周公封建的大致形勢。河南山東共有十八個封國，佔總數的三分之二強，顯示這地區是殷和東夷的舊地，同時也是周公封建的重心地帶。

　　東夷被周人征服後，許多國家如奄、蒲姑、豐等，遭到滅國毀社或遷族的命運，爲了控制這個地區周人建立了三個重要封國：魯、齊、滕。魯國控制魯西南地區，齊國控制魯北地區，滕則位居魯南要地，控扼通往魯東的道路。從這個封建情勢看來，周人對山東地區的控制，似乎僅及於臨淄—滕縣一線，此線以東仍舊屬於東夷的勢力範圍，故《史記·齊世家》云太公就國，

之亂後，勢必要進而平服東夷，這樣才能順利進行大建侯衛的工作，鞏固西周的基業。

〔註31〕《荀子·儒效篇》。

〔註32〕《左傳》僖公二十四年。

〔註33〕據陳槃氏的考證，管在今河南鄭州縣，蔡在河南上蔡縣，郕在山東寧陽縣，霍在山西霍縣，魯在山東曲阜縣，衛在河南淇縣，毛在河南宜陽縣，聃在河南開封縣，郜在山東城武縣，雍在河南修武縣，曹在山東定陶縣，滕在山東滕縣，畢在陝西咸陽縣，原在山西沁水縣，酆在陝西雩縣，郇在山西解縣，邘在河南沁陽縣，晉在山西翼城縣，應在河南魯山縣，韓在河北固安縣，凡在河南輝縣，蔣在河南固始縣，茅在山東金鄉縣，邢在河北邢台縣，胙在河南延津縣，祭在河南鄭州（《春秋大事表列國爵姓及存滅表譔異》，中央研究院歷史語言研究所專刊之五十二，民國58年4月）。

「萊侯來伐，與之爭營丘。」春秋時期萊的都城大概在昌樂一帶，〔註34〕齊
的勢力尚不能越此而東；此外，魯中地區春秋時期屬於東夷莒國的版圖，亦
不在周人的勢力控制之中。

　　周人東征雖然一時平服東夷，但還無法完全予以控制有的學者認爲〈小
臣單觶〉、〈𢼸方鼎〉和〈禽簋〉是周公致政成王後率軍東征之器，故主張周
公致政後還曾大事征伐東夷。〔註35〕但如以上所論，這三件金文應是周初東
征之器，而非周公致政成王後之器，從金文資料中，我們看不出周公在致政
成王之後，周人尚有繼續大事征伐東夷之舉。

　　周人雖然以武力征服東夷，並在山東地區設置一些封國，但周人對東夷
的控制似乎並不穩固。《尚書・費誓》載「淮夷、徐戎並興」，《書序》云：「魯
侯伯禽宅曲阜，徐夷並興，東郊不開，作費誓。」顯示魯剛建國時曾遭東夷
的攻伐，《史記・齊世家》云太公就國，亦曾遭萊侯攻伐，由此可見周初東夷
雖遭周公武力征服，但並未完全屈服於周人的軍事控制之下。根據金文資料，
東夷在西周康昭之時，曾爆發了一場大規模的反周行動，周人被迫採取軍事
鎮壓，〈小臣謎簋〉銘文曰：

　　　戲東尸（夷）大反，白懋父

　　　吕殷八𠂤征東尸。隹

　　　十又一月，遣自𠂤𠂤，述（遂）

　　　東，降伐海眉，雩𠂤復

　　　歸，才（在）牧𠂤，白懋父承（承）

　　　王令（命）易𠂤，達征自五

　　　齵貝。小臣謎蔑曆眔

　　　易（錫）貝，用乍寶𢎘彝。（圖一三）〔註36〕

〔註34〕王獻唐，《山東古國考》（齊南，齊魯書社，1983 年 11 月），頁 174。

〔註35〕杜正勝認爲「平管蔡武庚是一事，踐奄附之；大事征伐東夷、商奄和楚伯又
　　　是一事。前者只周公一人擔當，後者在致政之後，任其役者有周公，有成王，
　　　也有召公與殷人，甚至延續到開國以後第二代將領，如白髦父、明公等，周
　　　金銘文斑斑可考。」（見〈尚書中的周公〉，《周代城邦》，一七三）。
　　　王玉哲謂：「商奄、淮夷、熊盈之族的勢力在東方有長期根深蒂固的基礎。他
　　　們在周公東征時，即使一時被打敗，過後還會再叛。所以，周人對這一帶真
　　　正的征服，還是在周公還政成王後，又經過多年大事撻伐，才能徹底解決。」
　　　（見〈周公旦的當政及其東征考〉，《西周史研究》，頁 143）。

〔註36〕郭沫若，《兩周金文辭大系考釋》，頁 23。

圖一三：〈小臣謎簋〉銘文

銘文言東夷大規模反周，伯懋父率殷八師征伐東夷。伯懋父殆即康叔之子康伯懋，[註37] 其活動時代大約在康昭時期，因此這次事件大概發生於這個時候。據陳夢家的考證，白懋父征伐東夷的路線，是沿著泰山山脈或勞山山脈的北麓行進，轉戰的區域是齊之「海隅」，當今日掖、黃、福山和榮成等縣之地，五齵貝也在這一帶的海濱鹽鹵之地。[註38] 關連到此一戰役的金文，還有〈雪鼎〉、〈明公簋〉、〈旅鼎〉、〈疐鼎〉等，[註39] 銘文記載周王親自東

[註37] 郭沫若，《兩周金文辭大系考釋》，頁 24。
[註38] 陳夢家，〈西周銅器斷代（一）〉，《考古學報》第九冊（1955 年），頁 35～36。
[註39] 〈雪鼎〉銘文曰：
　　隹王伐東尸，溓公令雪
　　眔史旗曰「吕師氏眔有
　　嗣後或（後國）奭伐朕。」雪孚貝，
　　雪用乍（作）饗公寶障鼎。（《兩周金文辭大系考釋》，頁 28）
〈明公簋〉銘文曰：
　　隹王令（命）𣌭公
　　遣三族，伐東
　　或（國），才（在）鑾。魯医又（有）
　　困工，用乍盩（旅）彝。（《兩周金文辭大系考釋》，頁 10）
〈疐鼎〉銘文曰：
　　王令（命）趞歔東反
　　尸（夷），疐肇從趞征，

征，往征的將領有多人，魯侯亦參與此次行動，爲了平服東夷這次的反周行動，周人可謂是大舉出征。

就整個西周而言，山東地區並非十分穩定，西周中晚期的〈禹鼎〉銘文記鄂侯率南淮夷和東夷反周，屬王時期的〈宗周鐘〉記服子率南夷和東夷反周，〔註40〕這兩個東夷似指山東地區的夷人。1986 年陝西省安康縣出土一件〈史密簋〉，記載南夷、杞夷、舟夷伐東國之事，銘文曰：

　　　　隹（唯）十又一月，王令（命）師俗、史密

　　　　曰：「東征。歆南尸（夷）盧、虎，會杞

　　　　尸（夷）、舟（卅）尸（夷）歡（蘿）不阠（折），廣伐東或（國）

　　　　齊自、族土、述（隧）人，乃執昌（鄙）寬

　　　　亞。」師俗達（率）齊自、述（遂）人左，□

　　　　伐長必。史密右，達（率）族人、鳌（萊）

　　　　白（伯）、僰（棘）、屑（夷），周伐長必，隻（獲）百人。

　　　　對揚天子休，用乍（作）朕文考

　　　　乙白（伯）障簋，子子孫孫其永寶用。（圖一四）〔註41〕

銘文言南夷的盧、虎二國，會合杞夷、舟夷廣伐東國的齊自、族土、遂地之民，俘走邊鄙寬邑的亞士，周王乃命師俗和史密東征，師俗率齊師、遂人，史密率族人和萊、棘、屑等國軍隊圍攻長必，獲得勝利。有關銘文中的一些國名、地名，學者意見不一。〔註42〕由銘文的記載來看，南夷的盧、虎當位於漢、淮一帶，它們聯合杞夷、舟夷攻伐齊國，周人率齊師、萊師等和它們

　　　　攻昍（躍）無啻，省邗人

　　　　身，孚（俘）戈，用乍寶障

　　　　彝，子々孫，其迷（永）寶。（《兩周金文辭大系考釋》，頁 20）

　　〈旅鼎〉銘文曰：

　　　　隹公大僳來伐反尸（夷）年，才（在）十又一月庚申（下略）。（《兩周金文辭大系考釋》，頁 27）

〔註40〕關於〈禹鼎〉和〈宗周鐘〉年代的討論，請見本文第四章第二節。

〔註41〕王輝，〈史密簋銘文考地〉，《人文雜誌》1991 年第四期，頁 99。

〔註42〕盧、虎，或以爲是南淮首領的名字「膚虎」（見吳鎮烽，〈史密簋銘文考釋〉，《考古與文物》1989 年第三期，頁 56）；或以爲是兩個國族名（張懋鎔、趙榮、鄒東濤，〈安康出土的史密簋及其意義〉，《文物》1989 年第七期，頁 66）；或以盧爲莒國，虎是虎方（見李仲操，〈史密簋銘文補釋〉，《西北大學學報》1990 年第一期，頁 118）。齊自、族土、遂人，或以爲是地名（吳鎮烽、王輝，前引文），或以爲是齊師、族徒、馭人（張懋鎔等，前引文）。

交戰於長必，長必地望不詳，據推測此次戰事的主要戰場大約在山東的中部南部，〔註43〕〈史密簋〉所記內容又是典籍失載的一件史事。

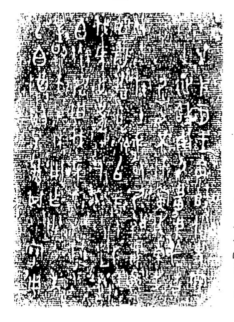

圖一四：〈史密簋〉銘文
（採自張懋鎔等，〈安康出土的史密簋及其意義〉，頁65）

《詩經‧魯頌‧閟宮》還載有魯國失國之事，〈閟宮〉云：

> 泰山巖巖，魯邦所詹。奄有龜蒙，遂荒大東，至于海邦。淮夷來同，
> 莫不率從，魯侯之功。保有鳧繹，遂荒徐宅，至于海邦，淮夷蠻貊，
> 及彼南夷，莫不率從，莫敢不諾，魯侯是若。天錫公純嘏，眉壽保
> 魯。居常與許，復周公之宇。

舊云這是奚斯頌魯僖公之詩，但詩云「居常與許，復周公之宇」，"周公之宇"是指魯國，既謂「復」就表示曾有「失」，亦即魯國曾被攻陷。查《左傳》魯僖公時並未有失國之事，頗疑這是西周時期的詩篇。細繹詩文，魯曾一度失

〔註43〕 張懋鎔等，〈安康出土的史密簋及其意義〉，《文物》1989年第七期，頁67。
王輝則認為戰爭的地區西到齊都臨淄的周圍，東到平度、即墨，北到渤海，
南到黃海，大體在今濰坊地區及青島、淄博二市範圍以內（見王輝，前引文）。
李仲操主張夷人廣伐東國的主要目標在於攻齊，夷人的進軍路線是從肥城走
萊蕪峪攻臨淄，從肥城南至般陽一線約四百里在夷軍的控制之下，周師東、
西兩翼合擊夷軍的目標在長必，長必大概在萊蕪東北（見〈再論史密簋所記
作戰地點〉，《人文雜誌》1992第二期）。

陷，魯侯以常與許爲根據地，再度規復魯國，並且攻伐至海邊，使淮夷、南夷歸順魯國。如此說來攻陷魯國的大概是淮夷，魯國失守後，魯侯或許再藉他國之力收復舊宇，並平服淮夷，詩人乃大肆渲染魯侯之功績。

　　總而言之，周初周人雖然平服東夷，在山東地區建立一些封國，但周人的勢力範圍似乎僅及於臨淄—滕縣一線，此線以東仍屬夷人的天下，而且山東的封國也僅只是周人控制山東地區的據點，其治下人民多數應該是夷人。東夷分布在今山東地區至少有上千年之久，其勢力根深蒂固，周人縱然一時以武力擊敗他們，並設置一些封國來加以控制，但控制的程度似乎有限，因此整個西周時期，東夷的反周行動仍然時有所聞。從周初封建的形勢來分析，齊、魯，滕應是周人控制東夷的前線重鎮，從這裡到衛再配置一些封國，如郕、郜、曹、茅等，基本上東夷與周人仍然維持一個對峙的局面。西周中期以後淮夷勢力壯大，屢次攻伐周王朝，這種對峙的情勢愈發明顯。

第二節　淮夷與周王室的關係

　　淮夷散布於淮河兩岸，邦國林立，自西周中期〔註 44〕以降，淮夷勢力興盛，成爲周王朝東南方的大敵，多次攻入中原，造成周王室莫大的困擾，從夷夏相爭的角度來看，這似乎代表東夷與周王朝的爭戰仍持續進行著，而且戰場的中心從山東轉移到安徽北部和河南南部一帶。

　　在金文中，曾出現「淮夷」、「南淮夷」、「南夷」等名稱。淮夷見於〈彔致卣〉、〈兮甲盤〉和〈師袁簋〉。南淮夷見於〈翏生盨〉、〈禹鼎〉、〈敔簋〉、〈虢仲盨〉、〈兮甲盤〉和〈駒父盨蓋〉。南夷見於〈競卣〉、〈無㠯簋〉和〈宗周鐘〉。另外，〈致方鼎〉亦出現「淮戎」一詞。關於南淮夷和南夷是淮夷的別稱，抑或具有不同的內涵，學者的意見紛紜，茲將各家意見分列於下：徐中舒認爲南夷是南淮夷的簡稱；〔註 45〕馬承源主張淮夷因在周的南面，故又稱南淮夷，或簡稱爲南夷；〔註 46〕劉翔認爲南淮夷與南夷的內涵有別，南淮夷是周人對

〔註 44〕本文所謂「西周早期」，指文、武、成、康時代；「西周中期」指昭、穆、恭、懿、孝、夷時代；「西周晚期」指厲、宣、幽時代（參見葉達雄，《西周政治史研究》，台北，明文書局，民國 71 年 12 月）。

〔註 45〕徐中舒，〈禹鼎的年代及其相關問題〉，《考古學報》，1959 年第三期，頁 61。

〔註 46〕馬承源，〈關於翏生盨和者減鐘的幾點意見〉，《考古》，1979 年第一期，頁 61。

淮水兩岸嬴、偃大小邦國集團的總稱，南夷則是指包括群濮在內的江漢流域諸國。〔註47〕

在〈兮甲盤〉銘文中，南淮夷與淮夷二詞並用，可見南淮夷即是淮夷，較有問題的是南夷是否為南淮夷的簡稱。〈禹鼎〉銘文云鄂侯率南淮夷、東夷廣伐南國東國，〈宗周鐘〉銘文云服子率南夷東夷晉見周王，似乎南夷即是南淮夷的省稱，但《詩‧魯頌‧閟宮》云：「淮夷蠻貊，及彼南夷，莫不率從。」淮夷與南夷顯係不同族群的稱呼，因此南夷是否即為南淮夷尚有疑問。

根據典籍記載，淮夷與周王朝的衝突始於西周初年，《書序》曰：「成王東伐淮夷，遂踐奄。」《史記‧周本紀》：「召公為保，周公為師，東伐淮夷，殘奄，遷其君薄姑。」《史記‧魯世家》：「管、蔡、武庚等果率淮夷而反。周公乃奉成王命，興師東伐，……寧淮夷東土，二年而畢定。」在此淮夷成為東夷的代稱，但周初東征的主要對象是三監和山東地區的東夷，而兼及淮夷，因此以淮夷作為周初東夷的代稱，在用詞上乎並不準確。有關淮夷與東夷的關係，有的學者根據金文資料，認為西周早期淮夷尚包含在東夷之中，西周晚期淮夷有自東夷集團中獨立出來的跡象，西周晚期淮夷以不屬於東夷集團，其勢力發展壯大，成為與南夷、東夷三足鼎立的軍事集團。〔註48〕

綜合典籍和金文的記載，淮夷成為周王朝的大患，大約始於穆王時期，傳說穆王時代徐國出現了一位徐偃王攻伐周王朝，《史記‧秦本紀》曰：

> 造父以善御幸於周繆王，……西巡狩，樂而忘歸。徐偃王作亂，世父為繆王御，長驅歸周，一日千里以救亂。

〈趙世家〉亦曰：

> 繆王使造父御，西巡狩，見西王母，樂之忘歸，而徐偃王反，繆王日馳千里馬，攻徐偃王，大破之。

不過，有的典籍將徐偃王的事蹟歸為春秋時代，《韓非子‧五蠹篇》曰：

> 徐偃王處漢東，地方五百里，行仁義，割地而朝者三十有六國，荊文王恐其害己也，舉兵伐徐，遂滅之。

《淮南子‧人間訓》曰：

〔註47〕劉翔，〈周夷王經營南淮夷及其與鄂之關係〉，《江漢考古》，1983年第三期，頁41～42。張懋鎔亦認為南夷非南淮夷（見〈西周南淮夷稱名與軍事考〉，《人文雜誌》1990年第四期，頁83～84）。
〔註48〕張懋鎔，〈西周南淮夷稱名與軍事考〉，《人文雜誌》1990年第四期。

昔徐偃王好行仁義，陸地而朝者三十二國，王孫厲謂楚莊王曰：「王
不伐徐，必反朝徐。」……（楚王）乃舉兵而伐徐，遂滅之。

此外，徐國也出現一位駒王，聲威頗盛，春秋時的徐大夫容居曾說：

昔我先君駒王西討，濟於河。〔註49〕

乃言駒王率軍西討，直抵黃河。《後漢書・東夷傳》綜合諸家之說曰：

後徐夷僭號，乃率九夷以伐宗周，西至河上。穆王畏其方熾，乃分
東方諸侯，命徐偃王主之。偃王處潢地東，地方五百里，行仁義，
陸地而朝者三十有六國。穆王後得驥騄之乘，乃使造父御以告楚，
令伐徐，一月而至。於是楚文王大舉兵而滅之。偃王仁而無權，不
忍鬥其人，故致於敗。乃北走彭城武原縣東山下，百姓隨之者以萬
數，因其名爲徐山。

以上各書所言徐偃王的時代並不一致，《史記》和《後漢書》皆言周穆王，《韓
非子》言荊文王，《淮南子》言楚莊王。楚文王和莊王是春秋時人，與周穆王
的年代相去甚遠，兩說根本無法調和。按常理度之，徐偃王之事蹟若發生於
春秋時代，《左傳》當有所記載，今《左傳》無此記載，則徐偃王之事似以發
生於周穆王時代較爲合理。

穆王伐徐的記載亦見於《竹書紀年》：

周穆王三十七年，伐紂，大起九師，東至于九江，叱黿鼉爲梁而渡。
〔註50〕

紂，爲紆之誤，即徐。〔註51〕九師，指師旅眾多；九江，不詳所在。此條所記
討伐之國，各書所引有很大的歧異，或作「伐楚」〔註52〕、「伐大越」〔註53〕、
「伐荊」，〔註54〕據徐旭生考証，穆王所伐之國應是徐方，而非越或楚。〔註55〕

〔註49〕《禮記・檀弓下》。

〔註50〕《文選・恨賦》注所引。

〔註51〕朱佑曾《汲冢紀年存眞》云：「紆當作紓，形近而譌，紓、舒通用。」洪亮吉
　　　　《春秋左傳詁》卷二十云：「舒、徐、郤古字通。」故穆王之伐紆當即伐徐（以
　　　　上見方詩銘、王修齡，《古本竹書紀年輯證》，頁 51。台北，華世出版社，民
　　　　國 72 年 2 月）。

〔註52〕《藝文類聚》卷九水部所引。

〔註53〕《北堂書鈔》卷一一四武功部引。

〔註54〕《白氏六帖事類集》卷三橋引。

〔註55〕徐旭生，《中國古史的傳說時代》，第五章「徐偃王與徐楚在淮南勢力的消長」，
　　　　頁 172～173。

　　大約在穆、恭時期，淮夷曾多次攻伐周王朝，雙方的關係相當緊張，〈彔
致卣〉銘文曰：

　　　王令彔曰：「戲，淮尸（夷）敢伐

　　　内國，女（汝）其吕成周

　　　師氏戍于甶自。」白雉

　　　父蔑彔曆，易（錫）貝十朋（下略）（圖一五）。〔註56〕

圖一五：〈彔致卣〉銘文

　　乃言淮夷入侵，王命彔氢率成周師氏駐屯古阜。與〈彔氢卣〉可以相連
繫的銅器有〈穡卣〉、〈遇甗〉、〈敝鼎〉、〈叡觶〉、〈彔簋〉諸器，結合這些銅
器銘文，可知這次戰役周方的主帥是伯淮父，駐軍要塞在古阜，還有一個盟
邦胡國。〈穡卣〉銘文曰：

　　　穡從師淮父戍于古自，蔑

　　　曆，易貝卅孚。〔註57〕

〈遇甗〉銘文曰：

　　　隹六月既死霸

　　　丙寅，師雉父戍

　　　才古自，遇從。師

　　　雉父肩史（使）遇事

　　　于獣庆，獣庆蔑遇曆，

　　　易橢金，用乍旅甗。〔註58〕

〔註56〕郭沫若，《兩周金文辭大系考釋》，頁61。

〔註57〕郭沫若，《兩周金文辭大系考釋》，頁60。

乃言師淮父戌軍於古阜，六月派遇去與戜（胡）侯接觸，五個月後，師淮父
率軍至胡，〈敱鼎〉銘文曰：

> 隹十又一月，師
>
> 雉父徣衛（導）至
>
> 于戜。敱從（下略）。〔註59〕

到了十三月，又見師淮父戌於古阜，《臤觶》銘文曰：

> 隹十又三月既生霸丁卯，臤
>
> 從師雉父戌于古𠂤
>
> 之秊，臤蔑曆，仲競父易
>
> 赤金（下略）。〔註60〕

〈彔簋〉銘文亦曰：

> 白雉父來自戜，
>
> 蔑彔曆，易赤金。（下略）〔註61〕

綜合這些銅器銘文，這次戰事的起因是淮夷入侵，王命伯淮父（即師淮父）
屯戌於古阜，六月時伯淮父駐屯於古阜，並派人與胡侯接觸，到了十一月領
軍至胡，大既過了一、二個月，伯淮父又回防古阜。這些銅器銘文都沒有記
載戰鬥之事，似乎伯淮父並沒有與淮夷做正面接觸，淮夷便即退師。古阜，
徐中舒以爲當釋作甫，在河南葉縣。〔註62〕胡，可能即是歸姓的胡國，學者
對它的地望看法紛歧，〔註63〕似乎是位於河南鄢城縣一帶。

　　比〈遇鼎〉諸器年代稍晚的〈或方鼎〉和〈或方簋〉，亦見禦淮戎和搏胡
戎的記錄，這兩件銅器一九七五年出土於陝西扶風縣，〈或方簋〉銘文曰：

> 隹六月初吉乙酉，才（在）盍（堂），戎伐𢼸，或𨙸（率）有辝（司）、

〔註58〕郭沫若，《兩周金文辭大系考釋》，頁60。

〔註59〕郭沫若，《兩周金文辭大系考釋》，頁59。

〔註60〕郭沫若，《兩周金文辭大系考釋》，頁61。

〔註61〕郭沫若，《兩周金文辭大系考釋》，頁62。

〔註62〕徐中舒，〈禹鼎的時代及其相關問題〉，《考古學報》，1959年第三期，頁59。

〔註63〕唐蘭認爲它位於陝西涇水之西（見〈用青銅銘文來研究西周歷史〉，《文物》，1976年第六期，頁33）。李學勤主張在今安徽阜陽（見〈從新出青銅器看長江下游文化的發展〉，《文物》1980年第七期，頁37）。黃盛璋認爲當在河南鄢城縣之北（見〈彔伯或銅器及其相關問題〉，《考古與文物》，1983年第五期，頁49）。晏昌貴考察文獻和金文記載，認爲胡國應位於河南鄢城縣西北，汝水上游一帶（見〈西周胡國地望及其相關問題〉，《河北大學學報》，1990年第一期，頁23）。

　　師氏儕（奔）追鄄（御）戎于賦（棫）林，博（搏）戎獸。（中略）
　　隻（獲）馘百，執噝（訊）二夫，孚（俘）戎兵。（中略）凡百又（有）
　　卅又（有）五叙，孚（捋）戎孚（俘）人百又（有）三（四）人。（下
　　略）〔註64〕

〈敔方鼎〉銘文曰：

　　敔曰：「烏（嗚）虖（呼）！王唯念敔辟剌（烈）考甲公，王用肇吏
　　（使）乃子敔達（率）虎臣御（禦）溎（淮）戎。（下略）〔註65〕

這兩件銅器的作器者均為"敔"，發掘報告以為與上文的彔敔或是同一人，
但根據杜正勝先生的考証，彔伯敔應為敔之父，他們是父子關係。〔註66〕〈氡
方簋〉記胡戎侵堂伐齭，敔受命搏胡戎於棫林，黃盛璋認為堂自應是《春秋》
定公五年吳大夫概奔楚所封之堂谿，在今河南西平西北百里；棫林應即《左
傳》襄公十六年晉伐許之棫林，其地應在新鄭至葉縣的途中，在湛阪的東北；
胡當在郾城之北。〔註67〕〈敔方鼎〉記敔御淮戎，此與〈氡方簋〉所載似是
同一戰役，淮戎似即胡戎。

　　另有一件〈班簋〉，亦見東南方頗不平靜，其銘文曰：

　　隹八月初吉，王才（在）宗周。甲戌，
　　王令毛白更虢城公服，粤
　　王位，乍四方望，秉繁、蜀、巢，
　　令易鉴勒，咸。王令（命）毛公
　　邦冢（冢）君、土駿（徒御）、戔（職）人，伐東或（國）
　　痻戎，咸。王令（命）吳白曰：「呂乃
　　自左比毛父。」王令（命）呂白曰：
　　「以乃自右比毛父。」趙令曰：
　　「自乃族從父征，徣（出）馘（城）衛。」父
　　身三年靜東或（國），凶（罔）不咸戴

〔註64〕羅西章、吳鎮烽、雒忠如，〈陝西扶風出土西周伯敔諸器〉，《文物》，1976年
　　　　第六期，頁53～54。
〔註65〕羅西章等，前引文，頁52。
〔註66〕杜正勝，〈周代封建制度的社會結構〉，《中央研究院歷史語言研究所集刊》，
　　　　第五十本第三分（民國68年9月），頁577～578。
〔註67〕黃盛璋，〈彔伯敔銅器及其相關問題〉，《考古與文物》1983年第五期，頁47
　　　　～49。

天威，否畏屯陟。（下略）（圖一六）〔註68〕

乃言王命毛父伐東國瘠戎，並派吳伯、呂伯和遣各以其師率或族兵隨從毛父出
征，毛父經過三年才底定東國。郭沫若定此器爲成王時器，並認爲瘠戎即奄人。
〔註69〕但有多位學者認爲它是穆王時器，〔註70〕唐蘭認爲瘠戎非奄人，因奄人
已被周公、成王所踐，不可能再出現，他說瘠即「厭」字，應讀爲「偃」，「厭
戎」應該是徐偃王。〔註71〕唐蘭的說法流於牽強附會，不太可信，瘠戎是指那
一部族已難考証，但銘文中出現繁、蜀和巢三個國名，郭氏指出：繁亦國名，
大率在南國，巢地在今安徽巢湖附近，〔註72〕則毛公所伐之瘠戎，應該與這兩
個國家有地緣上的關係，易言之，瘠戎可能是淮水流域的部族。所謂「東國」，
蓋指淮水流域，銘文言「三年靜東國」，可見這次征伐相當棘手。

圖一六：〈班簋〉銘文

（採自郭沫若，《周代金文圖錄及釋文》，第九葉）

〔註68〕郭沫若，《兩周金文辭大系考釋》，頁 20。

〔註69〕郭沫若，《兩周金文辭大系考釋》，頁 21。

〔註70〕楊樹達和于省吾都認爲作器者班，就是《穆天子傳》中的毛伯班，見楊著《積
微居金文說》（北京，科學出版社，1959 年 9 月），于省吾〈毛伯班簋考〉，《辛
巳文錄初集》（轉引自李學勤，〈西周中期青銅器的重要標尺——周原莊白、
強家兩處青銅器窖藏的綜合研究〉，《中國歷史博物館館刊》1979 年第一期，
頁 34）。唐蘭也認爲〈班簋〉應屬於穆王時期（見〈西周銅器斷代中的「康宮」
問題〉，《考古學報》，1962 年第一期，頁 41）。李學勤亦謂：「豐尊、豐卣和
班簋、盂簋，銘文字體風格都相近，其爲同時制作實甚爲明顯。班簋有的學
者已指出是穆王時器，於此得到進一步的證明。」（見〈西周中期青銅器的重
要標尺——周原莊白、強家兩處青銅器窖藏的綜合研究〉，《中國歷史博物館
館刊》，1979 年第一期，頁 34）。

〔註71〕唐蘭，〈西周銅器斷代中的"康宮"問題〉，《考古學報》1962 年第一期，頁 41。

〔註72〕郭沫若，《兩周金文辭大系考釋》，二一頁。

　　總而言之，淮夷在穆王時期勢力壯盛，蔚爲周王朝東南方的大患，《竹書紀年》載穆王大起九師伐徐，金文亦記載淮夷多次攻伐「內國」。由金文所見，周師防禦淮夷或與淮夷交戰之處，在古阜、胡、堂阜、棫林等地，大抵在今河南葉縣和郾城縣，論者遂謂：「河南郾城縣境的胡國一直是西周對南夷作戰的主要據點，以此爲中心，東及陳、蔡，西連許、葉，構成一道向東南敞開的軍事屏障。而在此線以東以南則主要是南淮夷（南夷）活動區域。」〔註73〕（圖一七）

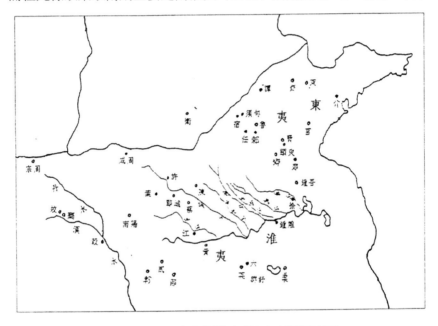

圖一七：西周時代淮夷與周王朝對峙圖

　　淮夷勢力壯大之後，迄西周晚期一直對周王朝構成重大威脅。西周中葉偏晚時期周王曾親征淮夷，淮夷、東夷亦大舉侵擾周王朝，有關這時期的銅器銘文有〈翏生盨〉、〈噩侯鼎〉、〈禹鼎〉和〈敔簋〉等。這幾件銅器的斷代，有夷王和厲王時代之不同主張，〔註74〕有的學者認爲這幾件銅器的紋飾都呈

〔註73〕晏昌貴，〈西周胡國地望及其相關問題〉，《河北大學學報》1990年第一期，頁26。

〔註74〕郭沫若將〈噩侯鼎〉、〈禹鼎〉、〈敔簋〉定爲夷王時器（見《兩周金文辭大系考釋》，頁107～110）。徐中舒則認爲這三器屬於厲王時代（見〈禹鼎的年代及其相關問題〉，《考古學報》，1959年第三期，頁56）。李學勤認爲將〈噩侯鼎〉等暫列於夷王時，〈禹鼎〉等列於厲王時較合適（見〈論多友鼎的時代及意義〉，《人文雜誌》，1981年第六期，頁90）。〈翏生盨〉是晚出之器，所記征伐之事與〈噩侯鼎〉同。

現西周中期偏晚的風格，並定之爲夷王時器，[註75] 本文採納後者的看法。〈翏生盨〉銘文曰：

> 王征南淮夷，伐角、𩰚（津），
>
> 伐桐、遹（遹）。翏生從，執訊
>
> 折首，孚戎器，孚金。（下略）（圖一八）[註76]

圖一八：〈翏生盨〉銘文

　　角、津、遹，其地不詳，這些淮夷邦國不見於文獻記載。春秋時代的桐國在今安徽桐城縣，夷王是否會遠征及此，頗有疑問，因爲穆王時期周王朝與淮夷的對峙線是在淮水北岸，夷王似乎不可能深入淮水以南去討伐桐國。

〔註75〕劉翔認爲〈禹鼎〉腹部所飾主題紋飾環帶紋，是西周中期偏晚開始流行的新型紋樣，其形制、花紋均接近屬王時代的〈善夫克鼎〉，但蹄足較〈善夫克鼎〉內斂，其年代要早於〈善夫克鼎〉，故定其爲夷王時器。〈敔簋〉的銘文字型書法保存了西周中期金文的遺風，銘文內容與〈禹鼎〉緊密相關，且都有武公其人，故亦定爲夷王時器。〈噩侯鼎〉圓底深腹，口頸處飾顧龍紋樣，爲西周中期偏晚的風格，亦定爲夷王時器。〈翏生盨〉附耳，通體密飾瓦紋，較之〈虢仲盨〉、〈駒父盨〉等屬、宣時期的典型盨類，差異很大，顯然屬於較早的形式，故亦定爲夷王時器（見〈周夷王經營南淮夷及其與鄂之關係〉，《江漢考古》，1983 年第三期，頁 44。吳鎭烽亦認爲〈禹鼎〉立耳淺腹，底部近平，鼎腿上部有獸面，其下呈向蹄足過渡的形式，口緣下飾竊曲紋，腹飾環帶紋，這種形制、紋飾都和懿王世的〈王伯姜鼎〉、夷王世的〈小克鼎〉相同，是西周中期後段到晚期之初流行的式樣，再從鼎銘所記載的禹家族的世系排比，它應是夷王世的作品（見〈陝西西周青銅器斷代分期與分期研究〉，《中國考古學研究論集——紀念夏鼐先生考古五十周年》，西安，三秦出版社，1989 年 12 月，頁 279～280）。
〔註76〕馬承源，〈關於翏生盨和者減鐘的幾點意見〉，《考古》，1979 年第一期，頁 6。

但不管如何，這是一次征伐淮夷的軍事行動。〈噩侯鼎〉亦記王南征，銘文曰：

> 王南征，伐角訊。唯還（還）
>
> 自征，才坏（坏）。噩侯馭方
>
> 内（納）豊（醴）于王，乃價（祼）之。馭
>
> 方晉（侑）王。王休宴（宴），乃射，馭
>
> 方卿王射。馭方休闌，
>
> 王宴。咸舍（飲）。王親易（錫）馭
>
> 〔方玉〕五穀、馬三匹、矢五
>
> 〔束〕。（下略）（圖一九）〔註77〕

圖一九：〈噩侯鼎〉銘文

角訊，其地不詳，郭沫若謂疑即群舒之屬。〔註78〕噩即鄂，銘文言王征淮夷，歸還在坏，鄂侯予以豐盛的款待，由此可以看出夷王與鄂侯關係良好。另有一件〈鄂侯簋〉，銘文曰：「鄂侯乍王姞媵簋，王姞其萬年子子孫孫永寶用。」〔註79〕可見鄂國是姞姓，而且與王室通婚，徐中舒因此說：「噩為申伯就封以前，周王室即倚以控制南淮夷東夷諸國，王因與噩通婚以寵異之。」〔註80〕

在控制淮夷方面，鄂國大概具有舉足輕重的地位，故周王室極看重它，

〔註77〕 郭沫若，《兩周金文辭大系考釋》，頁107。

〔註78〕 郭沫若，《兩周金文辭大系考釋》，頁107。

〔註79〕 郭沫若，《兩周金文辭大系考釋》，頁107。

〔註80〕 徐中舒，〈禹鼎的年代及其相關問題〉，《考古學報》1959年第三期，頁62。

但大約在這個時期，雙方的關係突然交惡，鄂侯竟率南淮夷和東夷反周，〈禹鼎〉銘文曰：

禹曰：「丕顯趄（桓）〻皇且穆公，克夾召先王，奠（定）四方。肄武公亦弗叚（遐）望（忘）賸（朕）聖且考幽大叔、懿叔，命禹仦（肖）賸祖考政于井邦，肄禹亦弗敢惷（惷），睗（錫）共賸辟之命！」烏虖哀哉！天降大喪于下或（國）！亦唯噩（鄂）医駿方率南淮尸東尸，廣伐南或東或，至於歷寒。王迺命西六𠂤、殷八𠂤曰：「𤔲（裂）伐噩医駿方，勿遺壽幼。」肄𠂤彌宩（怵）匌匩（恇肄弗克伐噩，肄武公迺遣禹率公戎車百乘，斯（廝）駿医，徒千，曰：「于匡（將）賸肅慕[illegible]（惠）西六𠂤、殷八𠂤，伐噩医駿方，勿遺壽幼。」雩禹㠯武公徒駿至於噩。辜（敦）伐噩，休隻氒君駿方，肄禹又（有）成，敢對䚄武公丕顯耿光。（下略）（圖二十）〔註81〕

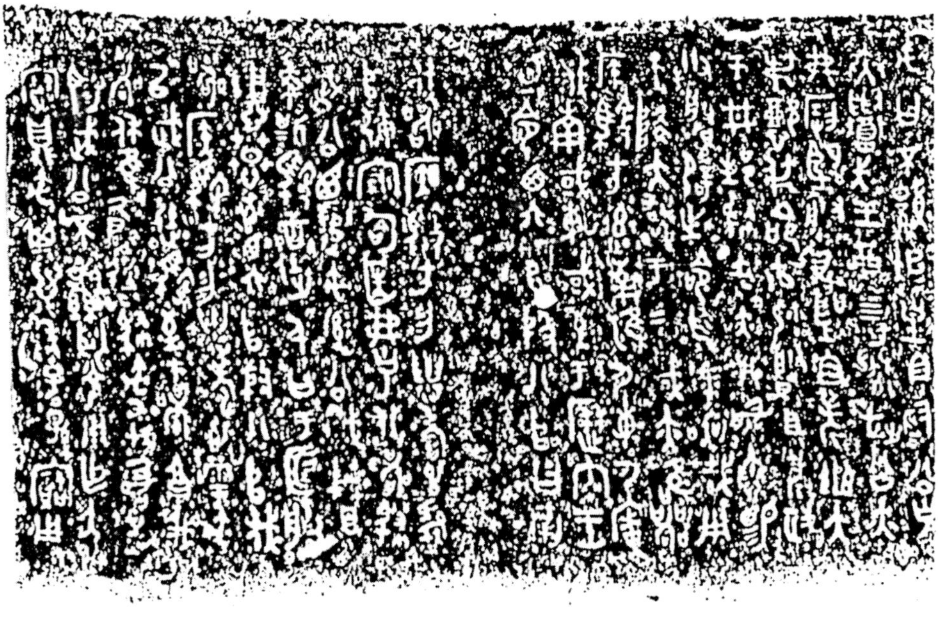

圖二十：〈禹鼎〉銘文

（採自徐中舒，〈禹鼎的年代及其相關問題〉，《考古學報》1959年第三期）

乃言鄂侯馭方率南淮夷、東夷大反，王命西六師和殷八師征伐，不料王師竟畏卻不前，武公乃派遣禹率其戎車百乘，徒御一千二百人協助討伐，結

〔註81〕徐中舒，〈禹鼎的時代及其相關問題〉，《考古學報》，1959年第三期，頁53。

果擒獲了鄂侯馭方。對於鄂侯馭方這次的叛亂，夷王深惡痛絕，故命以勿遺老幼，要趕盡殺絕。從鼎銘的內容看來，這次反周的陣容相當浩大，東方和南方俱受其侵擾，情勢非常嚴重，故銘文驚曰：「天降大喪於下國。」周王室同時派遣西六師、殷人師平亂，在金文中亦僅此一見，西六師和殷八師受命伐鄂，竟然畏卻八前，還是武公派兵增援才能克敵致勝，可見王軍的武力已經廢弛，而武公所派出兵力不多，其作用大概是擔任前鋒攻擊的任務，以帶動王軍士氣。武公，舊以為是衛武公，李學勤認為武是他的族姓，武公是他的爵姓，而非諡號。〔註 82〕武公的年代約當夷厲之世，在〈多友鼎〉銘中，亦見他出兵追擊來犯的玁狁。〔註 83〕

〈敔簋〉銘文記淮夷入侵內地，銘文曰：

> 隹王十月，王才成周。南淮尸（夷）
> 邊（遷）殳，内（入）伐涀鼎（昴）、參泉、裕、敏
> 陰、陽洛。王令敔追迴（御）于上洛、
> 悆谷，至于伊，班。長榜（榜）蒯首百，
> 執噬卌，襄孚（俘）人三百，𣢏（鄙）于炎
> 白之所，于悆衣肄，復付乏
> 君。隹王十又一月，王各（格）成周
> 大廟。武公入右敔告禽，或（馘）
> 白噬卌。（下略）（圖二一）〔註 84〕

郭氏謂上洛即上雒，在今陝西商縣，悆谷則析下注鞠水所出之析谷，〔註 85〕則這次作戰地點在陝西東南部一帶，已接近宗周，淮夷直攻周王朝的腹心。敔受命追擊淮夷，頗有斬獲。

對周王室而言，西周中葉晚期淮夷依舊是周王朝的大患，最難堪的是王師竟然無法應付重大的事變，需要卿士族兵的協助才能弭平敵患。此一時期淮夷的進軍路線也與以前有所不同，穆、恭時期周師與淮夷纏戰的地點是在汝水一帶，淮夷是沿著淮水支流而上攻伐周王朝，周王室把防禦淮夷的軍防重心放在上蔡、陳、許、葉縣一帶。但到了西周中葉晚期，淮夷攻抵陝西東南部，淮夷

〔註 82〕李學勤，〈論多友鼎的時代及意義〉，《人文雜誌》，1981 年第六期，頁 89。

〔註 83〕李學勤，〈論多友鼎的時代及意義〉，頁 87。

〔註 84〕郭沫若，《兩周金文辭大系考釋》，頁 109。

〔註 85〕郭沫若，《兩周金文辭大系考釋》，頁 110。

的行軍路線顯然是沿淮而上，經南陽盆地，再溯漢水而上直抵丹水流域。當時領導淮夷、東夷反周的鄂國，大概位於湖北隨縣與鄂城縣之間，〔註86〕是勢力強盛的國家，周王室倚為鞏固南疆的干城，一旦鄂國率領淮夷北上，驅入南陽盆地，周王室即無防禦之力。南陽盆地位居南北要衝，當時似無重要邦國封建於此，隨著淮夷轉移攻伐路線，這裡的國防弱點頓時暴露出來，日後宣王徙封申伯於南陽，以控馭南疆，正是這一軍防形勢轉變的結果。

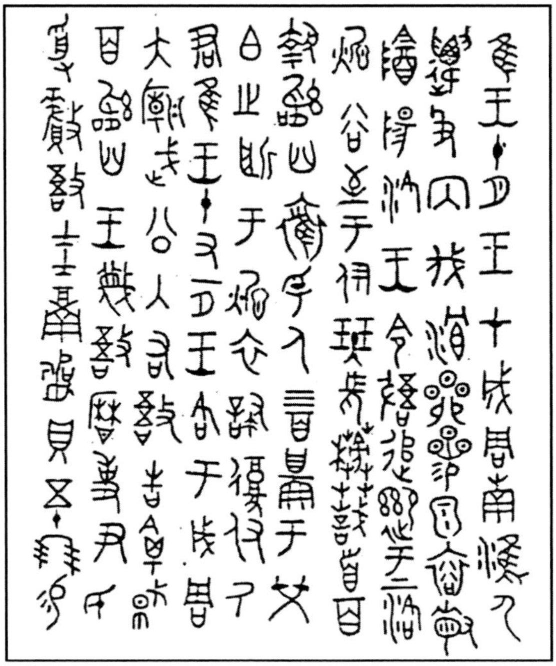

圖二一：〈敔簋〉銘文

（採自郭沫若，《周代金文圖錄及釋文》，第九二葉）

西周晚期淮夷依舊數度攻伐周王朝。厲王時期，淮夷再度伐周，典籍與金文皆有記載。《後漢書‧東夷傳》曰：

> 厲王無道，淮夷入寇，王命征之，不克。

〈宗周鐘〉曾載淮夷與東夷大規模伐周，銘文曰：

> 王肇遹眚（省）文武，堇（勤）疆
>
> 土‧南或（國）艮𤔲敢陷虐

〔註86〕劉翔，〈周夷王經營南淮夷及其與鄂之關係〉，《江漢考古》1983年第三期，頁45～46。

我土。王臺伐其至，戩伐

乎都。及𢦏迺遺閒

來逆邵王，南

尸（夷）東尸（夷）具見，廿

又六邦。隹皇上帝

百神，保乎（余）小子。

（中略）

𪊨其萬年，眈（畯）

保三或（域）。（圖二二）〔註87〕

圖二二：〈宗周鐘〉銘文

（採自郭沫若，《周代金文圖錄及釋文》，第二五葉）

此器舊以爲是昭王之器，有的學者認爲是厲王自作之器。〔註88〕銘文言南國

〔註87〕 郭沫若，《兩周金文辭大系考釋》，頁51。

〔註88〕 〈宗周鐘〉是周王所作之器，其銘文字體不類西周前期的肥筆方形，而是屬
於西周後期的瘦筆方形（見貝塚茂樹，《中國古代史學の發展》，東京，弘文
堂書房，1967年7月，頁356）。但由於銘文中有「逆邵王」之語，遂被斷爲
昭王之器，而銘文最後有「𪊨其萬年」之語，顯見作器者是「𪊨」。郭氏認爲
𪊨即昭王名瑕之本字。孫詒讓和唐蘭則都把「逆邵」二字連讀，即「來歸」
之意，唐蘭並指出：周初無鐘，本銘字體亦不甚古，疑是厲王時器，厲王名
胡，胡𪊨音亦近轉（郭、孫、唐三人的見解，參閱《兩周金文辭大系考釋》
51～52頁）。唐蘭的見解不太被學者接受，但1978年五月陝西扶風縣齊家村
發現一件周王鑄作之簋，銘文後曰：「𪊨其萬年」，器形和字體均屬西周晚期
風格，故報告者定其爲厲王𪊨簋（羅西章，〈陝西扶風發現西周厲王𪊨殷〉，《文

服子侵犯周朝領土，於是王反擊之，並迫伐其都，服子乃遣使者見王，南夷東夷二十六邦也一齊晉見，由此可以想見這次反周規模之浩大，屬王的征討戰略，大概是逕攻服國都城，迫其投降，從而瓦解整個叛亂陣營。銘文首云：「王肇遹省文武勤疆土」，則此一事件當發生於屬王親政初期。

此外，〈無㠱簋〉、〈虢仲盨〉銘文亦載屬王征淮夷，〈無㠱簋〉銘文曰：

> 佳十又三季正月衍吉壬寅，王征南尸（夷）。（下略）〔註89〕

〈虢仲盨〉銘文曰：

> 虢仲吕王南征，伐南淮夷，才成周。（下略）〔註90〕

以上《後漢書·東夷傳》與金文所載之戰役，不知是否爲同一事，抑或數次不同的事件。由〈禹鼎〉和〈宗周鐘〉所見，這兩次淮夷和東夷的伐周都是由鄂侯或服子率領，鄂國在湖北，服子可能是群濮之君，〔註91〕均位於江漢地帶。換言之，從西周中葉晚期開始，淮夷已與江漢諸國聯合伐周，周王朝應已察覺這種新形勢的發展，日後宣王命召伯虎經營南國，徙封申伯於南陽，可能就是爲了應付這個新局勢。

宣王時代淮夷再度反周，不過淮夷的反周行動似乎是受周王室的侵凌所引起。〈兮甲盤〉銘文曰：

> 佳五季三月既死霸庚寅，
> 王初各（略）伐厰狁（玁狁）于㲋盧，兮
> 甲從王，折首執噝（訊），休，亡啟（泯）。
> 王易（錫）兮甲馬三匹、駒𩥐（車）。王
> 令甲政（征）𤔲（治）成周三方費（積）至
> 于南淮尸。淮尸（夷）舊我貟賄（賄）人，母（毋）
> 敢不出貟、其費、其進人、
> 其實，母（毋）敢不即𬤊（次）即坿（市），敢

物》，1979 年第四期，頁 89）。1981 年陝西扶風縣白家村又發現一件周王鑄作之鐘，銘文後亦曰：「㝬其萬年」，其器形和銘文內容同於前述之㝬簋，報告者因此定其爲屬王之祭器（穆海亭，〈新發現的西周王室重器五祀㝬鐘考〉，《人文雜誌》，1983 年第二期，頁 118〜119）。由這兩件㝬簋與㝬鐘的出土，似可斷定「㝬」即是屬王胡，因此〈宗周鐘〉也應是屬王所作之器。

〔註89〕郭沫若，《兩周金文辭大系考釋》，頁 120。
〔註90〕郭沫若，《兩周金文辭大系考釋》，頁 120。
〔註91〕楊樹達在〈宗周鐘跋〉一文中指出，南國服子與荊楚有關，乃指江漢之南群濮之君（見《積微居金文說》，頁 136。北京，科學出版社，1959 年 9 月）。

不用令（命），鼬即井（刑），屢（撲）伐。其隹
我者厌（諸侯）百生（姓），串實母（毋）不即
艿（市），母（毋）敢或（有）入繺（蠻）實（宄）賓，鼬亦
井。兮白吉父乍般（盤），其覽壽
萬季無疆，子子孫孫永寶用。（圖二三）〔註92〕

圖二三：〈兮甲盤〉銘文
（採自郭沫若，《周代金文圖錄及釋文》，第一三四葉）

冨盧，王國維釋爲「彭衙」，〔註93〕故城在今陝西白水縣東北，這是宣王五年
王軍初次征伐玁狁獲勝的紀錄，兮甲即兮伯吉父，郭沫若認爲即是尹吉甫。
實，郭沫若釋爲積，意爲委積；貟爲貝布之布，晦爲賄，貟晦人即賦貢之臣；
其進人爲力役之征；賓爲關稅之征。〔註94〕銘文言宣王征伐玁狁得勝後，命
兮甲征治成周四方委積，並言淮夷爲周王室賦貢之臣，不敢不出賦貢、力役、
關稅，若不用命即行撻伐，諸侯百姓之商賈不可爲逃避征稅而遁入蠻方。玁
狁自厲王以來，即成爲周王朝的嚴重外患，宣王雖然征討玁狁旗開得勝，但
尚未取得決定性的勝利，葉達雄先生指出，宣王爲了對付玁狁，必須保持兵

〔註92〕郭沫若，《兩周金文辭大系考釋》，頁 143。
〔註93〕王國維，〈鬼方昆夷玁狁考〉，收入《觀堂集林》卷十三「史林」五（台北，
　　　　世界書局，民國六十四年三月），頁 598～599。
〔註94〕郭沫若，《兩周金文辭大系考釋》，頁 144。

力，爲了保持兵力，必須維持其經濟的充裕，欲維持其充裕的經濟，不得不向諸侯人民徵稅，結果引起了淮夷的反抗。〔註95〕

〈兮甲盤〉銘透露出在宣王之前，淮夷至少有相當一段時間是服屬於周的，但宣王以嚴峻的口氣，高昂的姿態要淮夷出貢賦、力役之征等，似乎激起了淮夷的反抗，〈師寰簋〉銘文曰：

> 王若曰：「師寰㝅（父），淮尸（夷）繇我
> 員晦臣，今敢博乓眾叚（暇），反乓工吏，
> 弗速（蹟）我東戜（域）。今余肇令（命）女（汝）綽
> 齊帀、曩斁、僰尿左右虎臣正（征）淮尸（夷），
> 即質乓邦獸（酋），曰林曰筭曰鈴曰
> 達。」師寰虔不㒸（墜），夙夜卹乓牆（將）
> 事，休既又工（有功），折首執戜（執訊），無諆徒馭，
> 毆孚（俘）士女羊牛，孚（俘）吉金。（下略）（圖二四）〔註96〕

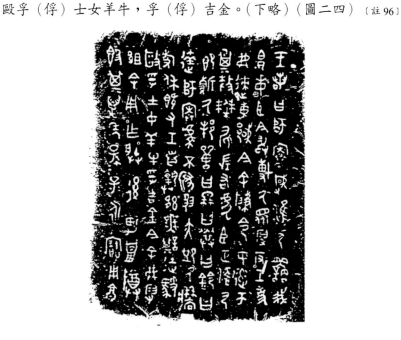

圖二四：〈師寰簋〉銘文

（採自郭沫若，《周代金文圖錄及釋文》，第一三五葉）

〔註95〕葉達雄，《西周政治史研究》（台北，明文書局，民國71年12月），頁118～122。

〔註96〕郭沫若，《兩周金文辭大系考釋》，頁146。

乃言淮夷反周，王命師袁父率齊、曩、棷等國虎臣征伐淮夷，並指名擒殺四名酋長，師袁父不辱王命，征討有功。〈兮甲盤〉銘曾提及王說淮夷乃我舊貢賄國，若敢不出貢賦即撻伐之，此簋王亦曰「淮尸繇我員晦臣」，語氣完全相同，似乎淮夷不肯繳納貢賦、力役而反周了。

除了金文的記錄外，典籍亦記載宣王伐淮夷，並命召伯虎經營南國，但不知兩者是否爲同一事。《詩經・大雅・江漢》曰：

> 江漢浮浮，武夫滔滔。匪安匪遊，淮夷來求。既出我車，既設我旟。
> 匪安匪舒，淮夷來鋪。江漢湯湯，武夫洸洸。經營四方，告成于王。
> 四方既平，王國庶定。時靡有爭，王心載寧。江漢之滸，王命召虎，
> 式辟四方，徹我疆土。匪疚匪棘，王國來極。于疆于理，至于南海。
> 王命召虎：「來旬來宣。文武受命，召公維翰。無曰：『予小子』，召
> 公是似。肇敏戎公，用錫爾祉。」

江漢，可能爲漢江之倒文，即漢水。詩云軍旅來此，乃爲征討淮夷，王在漢水之邊命召伯虎經營南國至于南海，並勉他追踵召公之功業。根據詩文宣王也來到漢水邊，而〈大雅・常武〉載王親征徐方，則〈江漢〉所記可能是王伐徐方經過漢水時，命召伯虎經營南國。舊云召伯虎即召穆公，恐非是，他可能是召穆公之子。〔註97〕

召伯虎的重要功績是平定南國，並定申伯之宅土，〈大雅・崧高〉曰：

> 亹亹申伯，王纘之事。于邑于謝，南國是式。王命召伯，定申伯之
> 宅。登是南邦，世執其功。王命申：「式是南邦。因是謝人，以作爾
> 庸。」王命召伯，徹申伯土田。王命傅御，遷其私人。申伯之功，
> 召伯是營。有俶其城，寢廟既成，既成藐藐。王錫申伯，四壯蹻蹻，
> 鉤膺濯濯。王遣申伯，路車乘馬。「我圖爾居，莫如南土。錫爾介圭，
> 以作爾寶。往近王舅，南土是保。」

這是宣王之舅申伯出封於謝，吉甫作詩以送之。謝在今河南南陽，〔註98〕〈江

〔註97〕詩中有「予小子」之語，證之尚書或金文，通常是新嗣位者之自稱語。細玩詩文，似是王命召虎經營南國，召虎推辭以「予小子」之語，王於是說昔文武受命，召公是重要棟樑，你不要推辭以「予小子」，應該追踵召公之葉。由此看來，召虎似是年事尚輕，不敢輕許擔當重任，而召穆公在共和時代即主國政，爲朝中大老，不該自稱「予小子」，故召伯虎應爲召穆公之子。

〔註98〕陳槃，《春秋大事表列國爵姓及存滅表譔異》（台北，中央研究院歷史語言研究所專刊之五十二，民國48年4月），頁152～155。

漢〉言王命召伯經營南國，此詩言王命召伯定申伯之宅，徹其土田，以作爲南國之榜樣，此詩顯然是在〈江漢〉所記之事之後，宣王徒封申伯於謝的目的，是爲了鎮撫南國。

為了平服淮夷之亂，宣王除了派召伯虎經營南國之外，宣王本人亦親征徐方，〈大雅・常武〉曰：

> 赫赫明明，王命卿士，南仲大祖，大師皇父。整我六師，以脩我戎。
> 既敬既戒，惠此南國。王謂尹氏，命程伯休父，左右陳行，戒我師
> 旅：率彼淮浦，省此徐土，不留不處。」三事就緒。赫赫業業，有
> 嚴天子，王舒保作。匪紹匪遊，徐方繹騷。震驚徐方，如雷如霆，
> 徐方震驚。（中略）王猶允塞，徐方既來。徐方既同，天子之功。四
> 方既平，徐方來庭。徐方不回，王曰：「還歸。」

這首詩是講宣王親征徐方，軍行甚速，使徐方震驚，王師作戰勇猛，率使徐方歸服。詩云：「率彼淮浦，省此徐土」，則宣王是順著淮水攻伐徐方，〈江漢〉言王在漢水邊命召伯虎經營南國，而〈江漢〉與〈常武〉所記可能是同時之事，故宣王出征之路線，可能是出褒斜谷，順漢水而下，再循淮水直攻徐方。〔註99〕

宣王親自征服徐方，召伯虎平定南國，淮夷再度爲周王室所降服，但由《駒父盨》蓋銘文所見，宣王十八年猶有緒侯聯軍戍於上蔡，雙方的關係似乎仍然相當緊張，銘文曰：

> 唯王十又八年正月，南仲邦父命
> 駒父毀南者（諸）侯，達高父見南淮夷厥取厥服，董夷
> 俗；豕（遂）不敢不敬畏王命，逆見我
> 厥獻厥服。我乃至于淮，小大邦亡敢不割（諸）
> 具逆王命。四月景（還）至于蔡，乍
> 旅盨，駒父其萬年永用多休。（圖二五）〔註100〕

〔註99〕徐中舒曰：「合兩詩觀之，征伐淮夷而必出師江漢者，蓋由宗周出師，必由褒斜沿漢而南，再由漢而東，以至淮浦。」見〈殷周之際史蹟之檢討〉，《央央研究院歷史語言研究所集刊》，第七本第二分（民國25年12月），頁26。

〔註100〕夏含夷，〈從駒父盨蓋銘文談周王朝與南淮夷的關係〉，《漢學研究》，第五卷第二期（民國76年12月），頁569。

圖二五：〈駒父盨〉蓋銘文

（採自吳大焱等，〈陝西武功縣出土駒父盨蓋〉，頁94）

乃言南仲邦父命駒父率同高父去淮夷索取貢物，並斷言淮夷不敢違抗王命，駒父和高父到了淮夷地區，各小大邦果然不敢違抗王命，他們在淮夷地區巡歷了三個月，到了四月才回到上蔡。

　　綜而言之，西周時代淮夷與周王朝的關係，處於時緊時弛的狀態中，從〈兮甲盤〉和〈駒父盨〉蓋銘文，可以發現淮夷至遲在西周晚期已服屬於周，必須向周王朝繳納貢賦，但淮夷叛服不定，曾屢次攻伐周王朝。李學勤曾比較玁狁與淮夷的差別道：「玁狁是北方主要從事遊牧的少數民族，對周朝的威脅是軍事性質的，周朝為了保護自己統治的界域，不得不屢加抗擊。淮夷則是定居的、生產比較發展的人民，他們常服屬於周，向王朝入貢，並與周人有較多的貿易關係。淮夷對周朝的侵犯，很可能是由于周朝的壓迫榨取所激起。」〔註101〕另外，在軍防形勢上，西周前期周王朝對淮夷的軍防戰線，主

────────────────────

〔註101〕李學勤，〈兮甲盤與駒父盨──論西周末年周朝與淮夷的關係〉，《西周史研究》

要是集中於汝、潁一帶。西周中葉以後，淮夷逐漸與江漢諸國聯合伐周，周王朝勢須擴大它在南方的防禦面，因此宣王命召伯虎平定南國後，即徙封申伯於南陽以鎮撫南國，完全是爲適應新形勢所制定的策略。終西周一代，淮夷大致上仍獨立於周王朝的勢力控制之外，與周王朝保持對峙的局面，構成周王朝的一大威脅，這種夷夏對立的態勢，到了春秋中期以後才有所改變。

第三節　春秋時代的東夷

在殷商和西周時代，被籠統稱爲「東夷」、「淮夷」的夷人，到了春秋時代有了較爲清晰的面貌，根據《左傳》記載和後人的考證，位於山東的夷人邦國有邾、莒、萊、郯、偪陽、郳（小邾）、任、宿、須句、顓臾等。位於淮河流域的有徐、群舒、葛、鍾離。位於漢水流域的有江、黃、英、六等。

春秋時代是列國爭霸的時代，依照《左傳》的記載顯示，東夷在此一時期並未結成強大的聯盟，它們或彼此相互攻伐，〔註102〕或遭併滅，或成爲大國的屬國，即使像徐這樣的強國，也終在齊、楚、國三大勢力的壓迫下，逐漸走向沒落覆亡的命運。由於東夷各邦國大致上是各自爲政，而且與其他大國的關係錯綜復雜，本節擬分成：

一、齊、楚爭霸下的東夷
二、晉、楚爭霸下的東夷
三、吳、楚爭戰下的群舒
四、萊、齊之關係
四個項目來討論春秋時代東夷的發展概況。

一、齊、楚爭霸下的東夷

齊桓公在位期間（西元前 685 年～643 年），中原地區以齊桓公爲霸主，此時楚成王屢次伐鄭，欲稱霸中原，爲了阻遏楚國勢力北上，齊桓公除了屢率諸侯救鄭之外，並結好漢水和淮水各國以牽制楚人北上。僖公二年（西元前六五八年），齊、宋與江、黃盟于貫（山東曹縣南），次年再會於陽穀（山

（西安，人文雜誌叢刊第二輯，1984 年 8 月），頁 274～275。
〔註102〕《春秋》僖公二年：「徐人取舒。」《春秋》文公七年：「徐伐莒。」《春秋》
　　　　宣公四年：「公及齊侯平莒及郯。」

東陽穀縣北）。此時江、黃、道、弦、徐等均親睦於齊，對楚國的東北境構成極大的威脅。〔註 103〕

僖公四年（西元前 656 年），齊桓公率諸侯伐蔡及楚，與楚訂立召陵之盟，此時中原各國在齊桓公的領導下團結一致，楚國爭霸中原無望，遂將注意力轉向東方，極力經營淮水流域，以圖打破被圍堵的局面。僖公五年，楚滅弦，十二年滅黃。十五年楚再伐徐，《左傳》曰：

> 楚人伐徐，徐即諸夏故也。三月，盟于牡丘，尋葵丘之盟，且救徐
> 也。孟穆伯帥師及諸侯之師救徐，諸侯次于匡以待之。……秋，伐
> 厲，以救徐也。……（冬）楚敗徐于婁林，徐恃救也。

楚因徐與中原諸侯聯盟而伐徐，中原諸侯出兵救徐，徐大約因倚恃救援鬆於戒備，而被楚敗於婁林。婁林，徐旭生推測它位於安徽西部的溮河兩岸。〔註 104〕厲，杜預說是湖北隨縣的厲國，但有學者認為是河南息縣東北包信集一帶的賴國。〔註 105〕徐此時的疆域賅有淮南，〔註 106〕楚則以英氏為前進基地，故徐、楚的戰場大約在六安一帶，諸侯之師伐厲，目的是要威脅楚軍後路，迫使楚國撤軍。次年《左傳》曰：「夏，齊伐厲，不克，救徐而還。」諸侯之師沒能攻下厲國，但到底還是救了徐國，大概楚軍基於安全顧慮已先搬師回國。僖公十七年（前 643 年），齊、徐聯合出師伐英氏以報復婁林之役。

在齊桓公稱霸中原，阻止楚國勢力北上的國際形勢下，分布漢、淮流域，屬於東夷各邦的國家如江、黃、徐等，它們的動向是附齊以抗楚，不過黃後來為楚所滅，安徽六安的英氏也服屬於楚，楚的勢力越過漢東，並伸及淮南一帶，使淮水的東夷各國面臨楚國勢力的衝擊。另外，山東地區的東夷各國，除了邾之外，都沒有參與齊桓公領導的盟會，它們似乎不受齊桓公霸權的支配，召陵之盟後，陳軒轅塗建議齊桓公循海還師，服東夷而歸，〔註 107〕這裡的東夷大概是指郯、莒等國，這顯示山東的東夷各國，此時仍置身於中原各國的糾紛之外。

〔註 103〕徐旭生，《中國古史的傳說時代》，頁 182。
〔註 104〕徐旭生，《中國古史的傳說時代》，頁 184。
〔註 105〕何浩，〈巢國史跡鉤沈〉，《中國史研究》1983 年第二期。
〔註 106〕《春秋》僖公二年：「徐人取舒。」群舒分布於淮南，徐的勢力也及於淮南一帶。
〔註 107〕《左傳》僖公四年：「陳軒濤塗謂鄭申侯曰：『師出於陳、鄭之間，國必甚病。若出於東方，觀兵於東夷，循海而歸，其可也。』」《公羊傳》亦載：「濤塗謂桓公曰：『君既服南夷矣，何不還師濱海而東，服東夷且歸。』」

二、晉、楚爭霸下的東夷

僖公二十八年（前632年），晉、楚交戰，楚大敗於城濮，晉文公稱霸中原，楚國似乎意識到短期內規取中原無既，遂轉而繼續開拓淮河流域。文公四年（前623年），楚滅江（河南正陽縣）。五年，滅六（安徽六安縣）、蓼（河南固始縣），群舒大概也在此時歸附於楚（圖二六）。文公十二年（前615年），群舒叛楚，《左傳》曰：

> 群舒叛楚，夏，子孔執舒子平及宗子，遂圍巢。

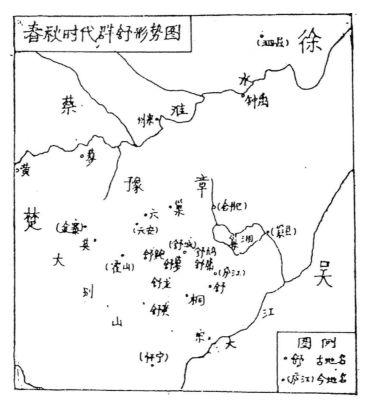

圖二六：春秋時代群舒形勢圖
（採自胡嘏，〈群舒史跡鉤沉〉，頁37）

群舒叛楚表示在此之前群舒已服屬於楚，楚已取代徐在淮南的勢力。群舒背叛楚後，楚迅即出兵滅舒、宗二國，進而圍巢，以強硬的手段控制淮南。文公十四年（前613年），楚莊王新立，令尹子孔與潘崇伐舒蓼，因公子燮、子儀作亂而未取得戰果。此後楚休養生息並企圖進取中原，未再繼續伐舒。自宣公元年（前608年）起，楚莊王屢次北上伐陳、宋、鄭，問鼎周王室，

聲威日漸隆盛，又在宣公八年（前 601 年）東向滅舒蓼，正其疆界，與吳、越結盟而還，楚對淮南的經營至此暫告一段落。群舒中有舒、宗、舒蓼爲楚所滅，巢、舒庸、舒鳩等國，仍保持獨立地位不歸附於楚，但楚的勢力已進入淮河流域，淮河流域東夷各國正面臨逐一被滅的危機。

晉文公稱霸中原之後，山東地區郯、莒二夷國依附於晉。莒國一向未參加中原的會盟，但因繼齊桓公之位的齊孝公仍以霸主自居，且齊國素來抱持著東向擴張政策，對莒國構成重大威脅，莒乃附晉以自保。晉成公、景公時代，晉的霸業稍衰，莒曾數次遭列齊、魯的攻伐。〔註 108〕郯、莒原本依附於晉，但在楚莊王時代（西元前 613 年～591 年），楚國霸業復盛之後，郯、莒亦逐漸依附於齊、楚，襄公八年（西元後 574 年）至襄公十四年，這幾年間郯、莒倚恃齊、楚而輪番侵魯，〔註 109〕魯不勝其擾，遂在襄公十五年向晉國提出控訴，次年諸侯會盟于溴梁，晉人拘執郯宣公和莒犁比公。此後莒迭遭齊、魯侵伐，國土被侵佔，至西元前四三一年爲楚所滅。郯亦迭遭魯之侵伐，先後成爲齊、吳、越之屬國。〔註 110〕這些東夷國家，面對時代的大變局，似乎已無力自保，至戰國時代都遭到併滅的命運。

三、吳、楚爭戰下的群舒

成公七年（西元前 584 年），晉國採取聯吳以制楚的策略，派遣巫臣出使吳國，教導吳人射御、乘車、戰陣等陸戰技行，吳國乃積極西進，使楚人疲於奔命。〔註 111〕在吳、楚交戰中，群舒具有重要的戰略地位，因此成爲

〔註108〕《春秋》宣公四年（西元前六○五年）：「公及齊侯平莒及郯，莒人不肯。公伐莒，取向。」《春秋》宣公十一年：「公孫歸父會齊人伐莒。」《左傳》宣公十三年：「齊師伐莒，莒恃晉而不事齊故也。」

〔註109〕《春秋》襄公八年（西元前五六五年）：「莒人伐我東鄙。」《春秋》襄公十年：「秋，莒人伐我東鄙。」《春秋》襄公十二年：「莒人伐我東鄙，圍台。」《春秋》襄公十四年：「莒人侵我東鄙。」《春秋》襄公十五年：「郯人伐我南鄙。」

〔註110〕襄公二十七年，諸侯在宋舉行弭兵之會，齊國請求以郯爲屬國，郯成爲齊之附庸。哀公七年（西元前四八八年），鄫之會吳以郯爲屬國。越滅吳後，郯再成爲越之屬國。

〔註111〕《左傳》成公七年：「巫臣請使於吳，晉侯許之。吳子壽夢說之。乃通吳於晉，以兩之一卒適吳，舍偏兩之一焉。教吳乘車，教之戰陣，教之叛楚。……吳始伐楚、伐巢、伐徐，子重奔命。馬陵之會，吳入州來，子重自鄭奔命。子重、子反於是乎一歲七奔命。蠻夷屬於楚者，吳盡取之，是以始大，通吳於

吳、楚爭奪的對象。吳的進軍路線常沿淮水一帶，因此對楚來說，固守鍾離
（安徽鳳陽縣東北）——州來（安徽鳳台縣）——群舒弧形防線，即顯得十
分重要。從當時的情勢看，楚若控制群舒，一可切斷吳與中原，特別是與晉
的聯繫，二可屏障內地，且作為經營全淮的根據地。相對地，吳若征服群舒，
一可擊破楚在淮南的勢力，二可北通中原，三可以此為基地，進窺楚之腹心。
正因群舒具有如此重要的戰略地位，故吳、楚在這一帶輾轉拉鋸，爭奪得甚
為激烈。其間群舒諸國的態度，基本上是畏楚而親吳，但隨著吳、楚強弱的
形勢變化，也是迭為向背，以求自保〔註112〕群舒中未被楚滅者，尚有巢、
舒庸、舒鳩三國，成公七年（前 584 年）尚見巢為吳所伐，但至成公十七年
（前 574 年），《左傳》曰：「舒庸人以楚師之敗也，道吳人圍巢，伐駕，圍
釐、虺。」杜注：「巢、駕、釐、虺，楚小邑。」巢國顯然已為楚滅而成為
楚邑。襄公二十五年（前 548 年），吳王諸樊伐楚被守巢楚將射死；昭公四
年（前 538 年）楚太宰薳啓彊城巢；昭公五年楚靈王使沈尹射待命於巢，皆
表明巢邑早已成為楚國東境防禦吳軍的一處重鎮。由此看來，巢被楚滅的時
間大約在成公七年至成公十七年之間。成公十七年（前 574 年），楚再滅舒
庸，《左傳》曰：

> 舒庸人以楚師之敗也，道吳人圍巢，伐駕，圍釐、虺，遂恃吳而不
> 設備。楚公子橐師襲舒庸，滅之。

去年鄢陵之戰楚敗於晉，舒庸人認為有機可乘，引導吳師伐楚，因而鬆於戒
備，楚軍偷襲成功而滅舒庸。群舒至此大概只剩下舒鳩未滅。《左傳》襄公二
十四年（前 548 年）：

> 吳人為楚舟師之役故，召舒鳩人。舒鳩人叛楚。楚子師于荒浦，使
> 沈尹壽與師祁犁讓之。舒鳩子敬逆二子，而告無之，且請受盟。二
> 子復命。王欲伐之。薳子曰：「不可，彼告不叛，且請受盟，而又伐
> 之，伐無罪。姑歸息民，以待其卒。卒而不貳，吾又何求？若猶叛
> 我，無辭，有庸。」乃還。

此年夏天，楚起舟師伐吳無功而還。吳召舒鳩子，舒鳩叛楚。楚康王使人責
問舒鳩，舒鳩表明並無叛意，並且請求受盟，楚乃班師而回。次年，舒鳩終
於叛楚，導致吳楚發生一場戰爭，《左傳》曰：

上國。」
〔註112〕參見胡嘏，〈群舒史跡鉤沈〉，《安徽史學》1986 年第六期，頁 36。

> 舒鳩人卒叛楚，令尹子木伐之，及離城，吳人救之。……吳師大敗。
>
> 遂圍舒鳩，舒鳩潰。八月，楚滅舒鳩。

舒鳩叛楚，楚伐舒鳩，吳亦派兵救援舒鳩，吳、楚僵持七日，吳師大敗，楚軍進而圍滅舒鳩。至此，群舒在吳、楚的爭戰中，大概完全遭楚窮滅建爲邊防要邑，除了徐之外，西周時代勢力頗盛的淮夷大致都遭到併滅。

四、萊、齊之關係

萊國是山東地區東夷的大國，其疆域大約西起昌樂縣，東至平度縣，[註113]北接紀國，西鄰齊國，南接莒國。萊國素不與中原諸侯往來，直到宣公七年始見諸記載，《春秋》曰：

> 夏，公會齊侯伐萊。秋，公至自伐萊。

此爲魯宣公會同齊惠公伐萊。此後三十年又不見有關萊國的記載，直到襄公二年（西元前571年）才記載齊靈公伐萊，《左傳》曰：

> 齊侯伐萊，萊人使正輿子賂夙沙衛以索馬牛，皆百匹，齊師乃還。……
>
> 夏，齊姜薨。……齊侯使諸姜、宗婦來送葬，召萊子。萊子不會，
>
> 故晏弱城東陽以偪之。

此言齊靈公伐萊，萊君派遣大夫正輿子以精選的馬牛各一百匹，賄賂齊靈公的寵臣夙沙衛，使齊國班師而回。齊師雖然接受賄賂而還，齊靈公卻沒有放棄侵伐萊國的意圖，同年夏天，魯成公夫人齊姜去世，齊靈公派遣諸姜、宗婦[註114]前往魯國遷葬，並召喚萊君參加，意欲侮辱萊君。萊君予以拒絕，齊靈公遂以此爲藉口，遣晏弱築東陽城（山東臨朐縣東）以威逼萊國。

襄公六年（西元前567年），齊靈公終於滅萊。《左傳》曰：

> 十一月，齊侯滅萊，萊恃謀也。於鄭子國之來聘也，四月，晏弱城東陽，而遂圍萊。甲寅，堙之環城，傅於堞。及杞桓公卒之月，乙未，王湫帥師及正輿子、棠人軍齊師，齊師大敗之。丁未，入萊。萊共公浮柔奔棠。正輿子、王湫奔莒，莒人殺之。四月，陳無宇獻

〔註113〕周昌富謂周代萊國的疆域，約從平度縣東境至臨淄的外延地區（〈萊國姓氏與地望考〉，《齊魯學刊》1984年第一期，頁80。遲克儉認爲萊國的疆域，南應以沂山爲界，北爲萊，東南則與莒國接壤，西到臨朐，經白浪河、膠萊河，直到大沽河一帶，包括現在的濰坊、昌邑、安丘、平度、高密、膠縣等地（〈古萊國初探〉，《齊魯學刊》1984年第一期，頁82）。

〔註114〕諸姜，齊侯之女或姑姊妹嫁與齊之大夫者。宗婦，同姓大夫之婦。

萊宗器于襄宮。晏弱圍棠，十一月丙辰而滅之。遷萊于郳，高厚、
崔杼定其田。

襄公五年四月，晏弱又治東陽城，進而圍萊都，準備一舉滅萊，甲寅日齊師
環萊都之四周皆築土山，開始攻城。齊師圍攻萊都歷時一年之久，襄公六年
三月乙未。王湫、正輿子和棠人率別邑兵來解圍，被齊師打得大敗。丁未日，
齊師攻入萊都，萊共公奔棠。正輿子、王湫奔莒，被莒人所殺。晏弱移邱圍
棠，十一月丙辰（依經文應作「十二月」）滅棠，遷萊民於郳，東夷大國萊
國至此被滅，東夷在山東的勢力愈發顯得侷促。

× × × ×

　春秋時代是列國爭霸的時代，在國際局勢上形成數個霸主集團，多數小
國依附於齊、晉、楚、吳等霸國之下，不過此時的東夷或淮夷仍是一個集團
的稱呼，如《左傳》僖公四年（西元前 646 年）軒轅塗勸齊桓公「觀兵於東
夷，循海而歸。」《左傳》文公五年（西元前 622 年）：「六人叛楚即東夷。」
《春秋》昭公四年（西元前 538 年）：「夏，楚子、蔡侯、陳侯、鄭伯、許男、
徐子、滕子、頓子、胡子、沈子、小邾子、宋世子佐、淮夷會于申。」都顯
示東夷或淮夷仍是一個集團的稱呼，淮夷還曾與他國發生戰爭，襄公十六年
（西元前 644 年）經傳記載諸侯為了救鄫而會于淮，杜注曰「為淮夷病故」，
似乎淮夷侵伐鄫國而導致諸侯會于淮以救鄫。數年後宋襄公為了拉攏東夷以
稱霸，還指使邾文公殺鄫子祭於次睢之社。〔註115〕據金文所載，淮夷曾遭曾
國的討伐，〈曾伯霥簠〉銘文曰：

　　隹王九月，初吉庚午，
　　曾伯霥悊聖元ㄟ武ㄟ孔
　　黹。克狄淮尸，印燮繁
　　湯。金衛鉬行，具既卑
　　方。（下略）（圖二七）〔註116〕

〔註115〕《左傳》襄公十九年。
〔註116〕屈萬里，〈曾伯霥簠考釋〉，原載《中央研究院歷史語言研究所集刊》第三十
　　　　三本（民國 51 年），收入《書傭論學集》（台北，台灣開明書店，民國 58 年
　　　　3 月），頁 384。

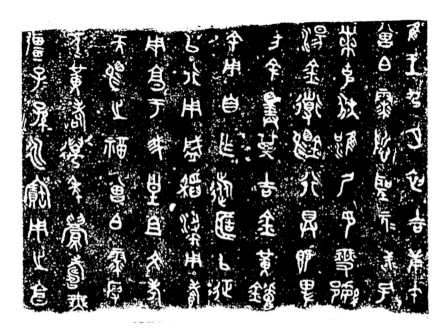

圖二七：〈曾伯棗簠〉銘文

（採自羅振玉，《三代吉金文存》10.36）

據屈萬里先生的考證，曾即鄶，銘文大意是說曾伯棗討伐淮夷，打通了輸入南金的要道，此事大約發生在僖公十八年。〔註117〕

根據以上資料顯示，東夷或淮夷在春秋時代仍然形成一個集團，具有一些勢力，不過這時的東夷似乎相當鬆散，並未團結一致，有時還自相攻伐，例如《春秋》僖公二年（西元前 658 年）載：

　　徐人取舒，

《春秋》文公七年（西元前 620 年）：

　　徐伐莒。

《春秋》宣公四年（西元前 605 年）：

　　公及齊侯平莒及郯。

襄公六年萊國被滅時，萊國大夫正輿子、王湫奔莒還被莒人所殺，似乎顯示同為東夷的情誼已蕩然無存。

東夷邦國雖然眾多，但在春秋時代似是各自為政，並未形成一個強大的集團，在列國爭霸的形勢下，若非依附強國以自保，便是遭到併滅。徐是淮

〔註117〕屈萬里，〈曾伯棗簠考釋〉，《書傭論學集》，頁 387～401。

夷中的大國，起先依附齊以抗楚，後來服屬於楚、吳，最後在昭公二十七年（西元前 512 年）為吳所滅，其他淮夷各邦、群舒等大都滅於楚。山東的萊為齊所滅，邾、莒依附於晉、齊、楚，至戰國時才遭併滅，郯服屬於魯、吳、越，至戰國時期為越所滅，其他小邦如任、宿、須句、顓臾、偪陽等，大概都被齊、魯所滅（東夷各國被滅的年代和所滅之國，請見表一「東夷各國滅年表」）。夏、商、西周時代，與中原王朝對峙爭鬥達千餘年之久的東夷民族，在春秋時代雖然在文化上也曾經給諸夏國家很深的影響，〔註 118〕但因沒有強國出現，也沒有結成強大聯盟，終於在列國爭霸吞併的情勢下逐一被滅，結束了它們在古史上的悠久歷史。

表一：東夷各國滅年表

國　　名	被　　滅　　年　　代	滅　國
英	僖公 12 年（前 648 年）	楚
江	文公 4 年（前 623 年）	楚
六	文公 5 年（前 622 年）	楚
須句	文公 7 年（前 620 年）	魯
舒宗	文公 12 年（前 615 年）	楚
舒蓼	宣公 8 年（前 601 年）	楚
巢	成公 7 年～17 年（前 584～574 年）	楚
舒庸	成公 17 年（前 574 年）	楚
萊	襄公 6 年（前 648 年）	齊
偪陽	襄公 10 年（前 648 年）	晉
舒鳩	襄公 25 年（前 648 年）	楚
徐	昭公 12 年（前 648 年）	吳
莒	西元前 431 年	楚
邾	戰國時期	不詳
郯	戰國時期	越
郳	戰國時期	楚

〔註 118〕《左傳》僖公二十七年：杞桓公來朝，用夷禮，故曰子。公卑杞，杞不恭也。……秋，入杞，責無禮也。杞本諸夏國家，後遷入山東，處於東夷之地，受東夷之影響而習用夷禮，杞桓公朝魯時使用夷禮，被魯國視為無禮而遭討伐。透過此一事件，可以發現在春秋時代東夷也曾在文化上給諸夏國家很深的影響。

任	不詳	不詳
宿	不詳	不詳
顓臾	不詳	魯
鍾離	不詳	不詳
英氏	不詳	不詳
桐	不詳	不詳

第五章　商周時代東夷的考古學文化

第一節　山東地區東夷的考古學文化

　　山東地區是一個以泰沂山系爲中心，包括周圍小塊平原和膠東丘陵的獨立地理單元，從新石器時代起至商代以前，這裏的考古學文化就自成一個獨立的發展系統，其發展序列如下：北辛文化──大汶口文化──山東龍山文化──岳石文化，有些學者認爲這些都是東夷的遠古文化，也有的學者稱之爲「海岱歷史文化區」（圖二八）。〔註1〕山東地區的考古學文化在大汶口──龍山文化時代，其發展水平與中原地區相當，有的學者因此主張東夷具有輝煌燦爛的古文化，〔註2〕但自岳石文化以後，山東地區的考古學文化逐漸落後於中原的二里頭文化，到了商周時代，山東地區的考古學文化就受到了商周文化的強烈影響。在商周時代山東地區是東夷的分佈地，因此商周時代這裏的考古學文化應可視爲東夷的考古學文化。

　　大約相當於中原二里頭文化時期，山東地區進入了岳石文化時代，岳石文化的陶器以泥質黑皮灰胎陶和夾砂褐陶爲多，其造型主要爲平底器、三足器，以素面爲主，主要陶器是素面甗、尊形器、內帶凸棱的淺盤豆、子母口鼓腹罐、三足簋、圈足簋、盂、皿、杯以及大量的蘑菇狀紐的器蓋。〔註3〕這

〔註1〕高廣仁、邵望平，〈中華文明發祥地之一──海岱歷史文化區〉，《史前研究》1984年第一期。

〔註2〕逄振鎬，〈東夷及其史前文化試論〉，《歷史研究》1987年第三期。王震中，〈東夷的史前史及其燦爛文化〉，《中國史研究》1988年第一期。

〔註3〕中國社會科學院考古研究所編，《新中國的考古發現和研究》（北京，文物出

一時期的岳石文化，已經看不到大汶口文化和龍山文化的繁榮景象，陶器的
製作顯得粗糙厚笨，難得見到龍山文化中常見的那種烏黑發亮、胎薄質細的
陶器；雖然已發現銅錐、青銅鏃和銹蝕嚴重的青銅殘塊，但沒有發現像二里
頭文化中精美的青銅容器和較大型的生產工具與武器，這反映出此一時期山
東地區的古文化已經失去昔日風采，逐漸落後於中原地區。

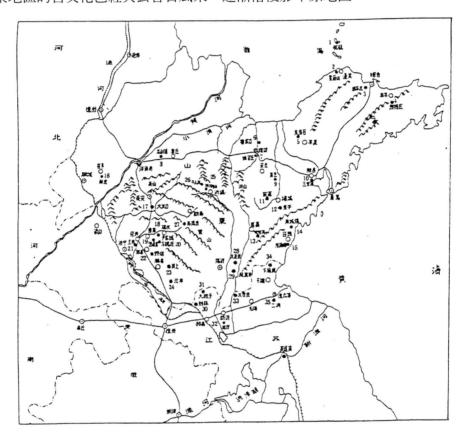

圖二八：海岱地區重要史前遺址位置示意圖

（採自高廣仁、邵望平，〈中華文明發祥地之一——海岱歷史文化區〉，頁9）

　　就考古發掘所見，從商代早期偏後的二里崗上層時期起，商文化開始對泰
山以西地區產生影響，濟南大辛莊〔註4〕、荏平南陳〔註5〕、泗水尹家城〔註6〕

版社，1984 年 5 月，頁 104。
〔註 4〕蔡鳳書，〈濟南大辛庄商代遺址調查〉，《考古》1973 年第五期。
〔註 5〕山東大學歷史系考古專業等，〈山東省荏平縣南陳庄遺址發掘簡報〉，《考古》
　　　　1985 年第四期。
〔註 6〕山東大學歷史系考古專業，〈泗水尹家城遺址第二、三次發掘簡報〉，《考古》

和菏澤安邱堌堆〔註7〕都曾發現過相當於二里崗上層的商文化遺存。這些地方的陶器多為灰色，飾繩紋，器類主要有方唇高襠鬲襠甗、平沿斜直壁簋、假腹豆、斂口罍、大口尊和罐等，與中原地區早商陶器基本一致。大辛莊還曾出土較早的商式銅器，包括體形稍粗的觚、平底罍、斂口長嘴盉及曲內戈等，與中原早商銅器幾乎沒有區別。〔註8〕有的學者指出：早商文化（指殷墟文化以前）在魯北（淄博地區）、魯西南和魯南地區的發展程度並不一致，魯西南由於和商王朝的中心毗鄰，是受商文化影響最早、最強烈的地區，魯北和魯南則在商文化的影響下，仍然保留著傳統的文化因素，如魯北地區不但存在著商式器物群，而且也有商夷結合器物群（指器形與商式器物群相近，但紅褐陶較多，胎略厚的陶器群）和土著的夷人器物群。〔註9〕早商文化在三個區域的發展程度不同，正顯示隨著商文化的東漸，東夷土著文化逐漸被商文化所同化，但另一方面它又兼容並蓄一些中原商文化的因素，而不失原來的特點。

　　到目前為止，早商遺址在山東的分布，大體局限於京浦線以西或略越過京浦線，山東中部和東部還沒有發現，這顯示早商文化對東夷文化的影響尚為有限，直到商代中期，商文化對山東地區的影響大概僅達於泰山周圍。〔註10〕但到了商代晚期，商文化的影響範圍已深入東夷腹地，向東直到濰河附近都有商文化或以商文化為主要內涵的遺址，重要的晚商文化遺址有平殷朱家橋〔註11〕、益都蘇埠屯〔註12〕、泗水尹家城〔註13〕、滕縣前掌大〔註14〕、棗庄市〔註15〕、荏平南陳〔註16〕、昌樂鄒家庄〔註17〕、菏澤安邱〔註18〕、

1985年第七期。山東大學歷史系考古專業，〈山東泗水尹家城遺址第四次發掘簡報〉，《考古》1987年第四期。

〔註7〕北京大學考古系商周組等，〈菏澤安邱堌堆遺址發掘簡報〉，《文物》1987年第十一期。

〔註8〕嚴文明，〈東夷文化的探索〉，《文物》1989年第一期，頁8。

〔註9〕蕭燕，〈從文化變遷的角度論山東地區早商文化〉，《東南文化》1993年第二期。

〔註10〕高廣仁，〈山東地區史前文化概論〉，《齊魯學刊》1983第三期，頁40。

〔註11〕中國科學院考古研究所山東發掘隊，〈山東平陰朱家橋殷代遺址〉，《考古》1961年第二期。

〔註12〕山東省博物館，〈山東益都蘇埠屯第一號奴隸殉葬墓〉，《文物》1972年第八期。

〔註13〕山東大學歷史系考古專業，〈山東泗水尹家城第一次發掘〉，《考古》1980年第一期。

〔註14〕中國社會科學院考古研究所山東隊，〈山東滕縣古遺址調查簡報〉，《考古》1980年第一期。中國社會科學院考古研究所山東隊，〈滕州前掌大商代墓葬〉，《考古學報》1992年第三期。

〔註15〕棗庄市文物管理站，〈棗庄市南部地區考古調查紀要〉，《考古》1984年第四期。

鄒平郎君〔註 19〕、濟寧鳳凰台〔註 20〕等。整體而言，濰河以西地區幾乎所有的銅器都與中原地區的商式同類器相同。陶器多泥質灰陶，紋飾以繩紋為主，器類中商式陶器佔了絕大多數，繩紋鬲、真腹豆、三角劃紋簋、圓腹罐的數量較多，另外還有繩紋甗、甌、斝、捏沿罐、瓮、盆、鉢、缸、瓷、鼎、觚、爵、尊、盉、瓿等，差不多包含了中原地區所有商文化的典型陶器（見圖二九）。〔註 21〕

　　雖然商代晚期山東濰河以西地區深受商文化的影響，但各地區的文化面貌並不盡相同，在魯西以安邱堌堆為代表的遺存中，除了商式器類之外，還有受當地原有文化影響而稍稍變形的陶器如寬邊鬲、寬邊甗等，除灰陶外，夾砂紅褐陶占有一定比例，甗的數量幾乎與鬲相等，有的甚至比鬲還多，反映出傳統的東夷文化仍有所保存，而又被商文化融合的狀況。汶泗流域及其以南地區以滕縣前掌大為代表的遺存中，除了商式器類之外，另有基本上屬於商式而略有變形的寬邊鬲和寬邊甗，還有反映吳越地區文化特點的紅色印紋陶瓿和青釉陶豆等，這是一種以商文化為主，包含東夷傳統文化和部分南方文化因素相融合的文化實體。魯北淄濰流域以益都蘇埠屯遺址為代表，除了商式器類之外，還有基本上屬於商式而略有變化的寬邊鬲等，值得注意的是，許多遺址中還有相當數量東夷風格的陶器，如素面甗、鬲、高圈足簋、圓錐形足鼎等，這些陶器多手制，紅褐色，素面，表面有刮抹痕跡，與商式陶器風格迥異，在本區靠東邊的某些遺址如昌樂李家莊等，甚至發現了單純東夷風格的陶器遺存，與前種混合遺存形成插花分布狀況。〔註 22〕總而言之，山東濰河以西地區到了商代晚

〔註16〕 山東大學歷史系考古專業等，〈山東省荏平縣南陳庄遺址發掘簡報〉，《考古》1985 年第四期。

〔註17〕 北京大學考古實習隊等，〈山東昌樂縣鄒家庄遺址發掘簡報〉，《考古》1987 年第五期。

〔註18〕 北京大學考古系商周組等，〈菏澤安邱堌堆遺址發掘簡報〉，《文物》1987 年第十一期。

〔註19〕 山東大學歷史系考古專業等，〈山東鄒平縣古文化遺址調查〉，《考古》1989 年第六期。

〔註20〕 國家文物局考古領隊培訓班，〈山東濟寧鳳凰台遺址發掘簡報〉，《文物》1991 年第一期。國家文物局考古領隊培訓班，〈山東濟寧潘廟遺址發掘簡報〉，《文物》1991 年第一期。

〔註21〕 王迅，〈試論夏商時期東方地區的考古學文化〉，《北京大學學報》1989 年第二期，頁 57。

〔註22〕 嚴文明，〈東夷文化的探索〉，《文物》1989 年第一期，頁 9。

期雖然受到商文化深刻的影響，但商文化並沒有完全取代東夷土著文化，面對著優勢的商文化，當地居民在接受商文化之時仍然保留了一些傳統文化特點。

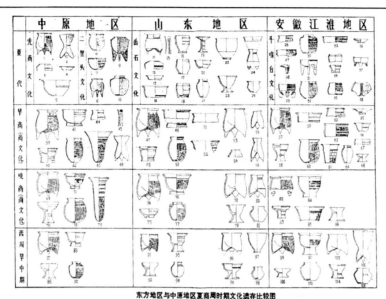

圖二九：東方地區與中原地區夏商周時期文化遺存比較圖

（採自王迅，〈試論夏商時期東方地區的考古學文化〉，頁56）

　　山東濰河以西地區到了商代晚期，無法繼續全面性地保持發展傳統文化，而深受商文化影響是有其原因的。殷商文化是在中原龍山文化和二里頭文化的基礎上發展起來的，它在農業、手工業、城市建設、科學文化以及政治制度等方面，都有了較大的進步，與同時期中原以外其他地區的古文化相比，殷商文化在很多方面都處於領先地位，特別是其精美絕倫的青銅器、規模巨大的城市遺址和成熟完備的文字系統，代表了當時最高的水平。在商王朝政治、軍事力量不斷擴張的過程中，具有優勢文明的商文化，也就對中原以外地區的古代文化產生了極大影響，像山東濰河以西地區這種以商文化為主，而又兼具地方性傳統文化的考古學文化，有的學者稱之為「商文化亞區」，以別於中原地區的「商文化中心區」。〔註23〕

〔註23〕宋新潮，〈殷商文化區域研究〉（西安，陝西人民出版社，1991年十月），頁79。

　　商代晚期商文化在山東濰河以西地區產生重大影響，其原因或許是有商人移民的進入，或商王朝在此建立政治據點，但更有可能的是東夷土著居民對優勢商文化的移植與採借。東夷在山東分布的邦國眾多，以上有些重要的晚商遺址可能是某些東夷方國或部落的遺存。濟南大辛莊發現的陶器有高襠錐足鬲、矮足鬲、圜底尊、大口尊、假腹豆等，以及釉陶和刻紋白陶，還有卜骨和卜甲。離濟南很近的長清縣曾多次發現殷代青銅器，〔註24〕器形有鼎、方鼎、爵、觚、觶、白卣、罍、豆、斗等，還有工具、兵器和車馬器，在一部分青銅容器上有相同的族徽銘記。平陰朱家橋遺址內容豐富，〔註25〕在二百多平方米的範圍內就發現房基二十一座，有的房基內還保存著完整的陶器。1961 年秋，北京文物工作隊從北京銅廠揀選出二十八件傳爲山東費縣出土的商代銅器，〔註26〕器型有鼎、甗、殷、豆、爵、觚、觶、斝、角、尊、卣、罍、盉、盤、刀、戈等，其中一件深腹高足銅豆富有地方特色，另外這組青銅器主要的紋飾有饕餮紋和渦紋兩種，紋飾細膩，較殷商地區的青銅器紋飾顯得素簡淡雅，有的學者推測這些青銅器可能是商代莒國的遺物。〔註27〕

　　鄒縣、滕縣一帶曾多次發現殷代晚期的青銅器，〔註28〕也可能是某個方國的遺存。滕縣前掌大發現一處大型遺址，是以大墓爲主的貴族墓地，凡屬大墓者都有墓道，呈甲字或中字等多種形制，隨葬器物有青銅禮器、玉器、骨器、釉陶、陶器、以蚌片鑲嵌而成獸面紋的大型牌飾等，並有殉人、犧牲、車器等，其周圍幾里內還分布著多處遺址，有的學者認爲這可能是商代晚期奄國的遺物。〔註29〕最重要的是益都蘇埠屯所發掘的大型殉葬墓，〔註30〕已發掘的有兩座大型墓、兩座中型墓，還有一座車馬坑，其中 1 號墓僅墓室即達 160 平方米，有四條墓道，有二層台和腰坑，殉葬 48 人，出土大量銅器，

〔註24〕山東省博物館，〈山東長清出土的青銅器〉，《文物》1964 年第四期。

〔註25〕中國科學院考古研究所山東發掘隊，〈山東平陰縣朱家橋殷代遺址〉，《考古》1961 年第二期。

〔註26〕程長新等，〈北京揀選一組二十八件商代帶銘銅器〉，《文物》1964 年第七期。

〔註27〕蘇兆慶，〈莒史新徵〉，載於陝西博物館編《第二次西周學術史討論會論文集》（西安，陝西人民教育出版社，1993 年 6 月），頁 318～319。

〔註28〕孔繁剛，〈山東滕縣井亭煤礦等地發現銅器及古遺址、墓葬〉，《文物》1959 年第十二期。王言京，〈山東省鄒縣又發現商代銅器〉，《文物》1974 年第一期。

〔註29〕胡秉華，〈奄國史之初探〉，載於《東夷古國史研究》第二輯（西安，三秦出版社，1990 年 5 月），頁 31～32。

〔註30〕山東省博物館，〈山東益都蘇埠屯第一號奴隸殉葬墓〉，《文物》1972 年第八期。

其中有兩件透雕人面形的大銅鉞是不可多見的精品（見圖三〇），由於這個墓葬的形制規模可與殷墟王陵相比，加以蘇埠屯的位置和文獻中的薄姑相近，因此有的學者推測它可能是殷末薄姑氏國君的陵寢。〔註31〕

　　商代晚期山東濰河以西地區深受商文化的影響，但濰河以東的膠東半島，其文化面貌與濰河以西地區大不相同，在這裏很少見到商文化的因素，其代表性遺址是長島珍珠門。〔註32〕珍珠門遺址中的陶器百分之八十以上爲紅色或褐色，外表素面，陶坯均爲手制。器物造型簡單，有三足器、圈足器和平底器，未見嘴、流、把、耳。器物種類也較少，主要是鬲、甗、碗、簋、罐五種。鬲多大口深腹，袋足矮小。甗體高大，腰細，袋足瘦長，形制頗近於岳石文化的陶甗，簋爲素面、卷沿、鼓腹、矮圈足。罐爲卷沿、折肩（見圖三一）。紋飾主要有弦紋、乳丁紋、繩紋、劃紋等，但大部分陶器爲素面。這些陶器多爲手製，一般都較粗糙，胎壁較厚。在膠東半島上屬於這一類文化遺存的遺址，除了珍珠門遺址之外，主要還有長島縣大口遺址、北城遺址、煙台芝水遺址、寨山遺址、掖縣的劉家遺址、昌樂縣的鄒家莊遺址、乳山縣南黃莊遺址。由於這些遺存明顯地是繼承岳石文化發展而來，有別於商文化，又以珍珠門遺址爲典型遺址，故稱之爲「珍珠門文化」，而被視爲是商代的夷人文化。〔註33〕

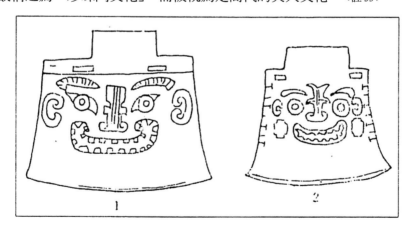

圖三〇：蘇埠屯一號墓出土的銅鉞

（採自宋新潮，《殷商區域文化研究》，頁 79）

〔註31〕殷之彝，〈出東益都蘇埠屯墓地和『亞醜』銅器〉，《考古學報》1977 年第二期。

〔註32〕北京大學考古實習隊、煙台地區文管會、長島縣博物館，〈山東長島史前遺址〉，《史前研究》1983 年創刊號。

〔註33〕王錫平，〈膠東半島夏商周時期的夷人文化〉，《北方文物》1987 年第二期。

在商代晚期，商文化對山東地區的影響主要是到達濰河地帶，濰河以東的膠東半島還是屬於地方性的夷人文化。但到了西周早期，半島西部的黃縣、蓬萊所發掘的墓葬，〔註 34〕從葬式到隨葬的陶器、青銅器以及車馬坑都與周文化比較接近，說明這個地區在西周早期已與周文化發生頻繁的交流。到了西周晚期，屬於半島中部的煙台、海陽、萊陽一帶已受周文化的強烈影響，如煙台上夼〔註 35〕、萊陽前河前〔註 36〕墓葬中出土的陶器、銅器，其形制、紋飾都與周文化差別不大。

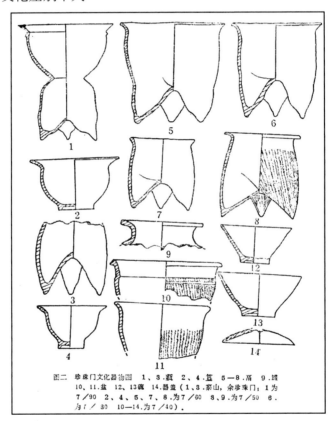

圖三一：珍珠門文化器物圖

（採自王錫平，〈膠東半島夏商周時期的夷人文化〉，頁 21）

〔註34〕 山東煙台地區文管組，〈山東蓬萊縣西周墓發掘簡報〉，《文物資料叢刊》第三期（1980 年 5 月）。

〔註35〕 山東省煙台地區文物管理委員會，〈煙台市上夼村出土異國銅器〉，《考古》1983年第四期。

〔註36〕 李步青，〈山東萊陽縣出土己國銅器〉，《文物》1983 年第十二期。

　　從西周到春秋初期，膠東半島東南部的乳山、海陽和東端的榮城縣還保
留著濃厚的夷人文化。乳山縣南黃莊的墓地遺址中，墓葬群均為積石墓，墓
室用石板築成，其上再積以石塊。隨葬陶器的質地與珍珠門文化差不多，以
夾砂或夾雲母的紅褐陶為主，泥質陶極少。器表以素面為主，紋飾主要有弦
紋、乳丁紋、劃紋和繩紋。器類有鼎、鬲、罐、簋（見圖三二）。鼎、圓唇、
卷沿、鼓腹、三短實錐足。鬲、方唇、卷沿、束頸、瘦長腹、底近平、三短
實錐足。簋、方唇、折沿、微鼓腹、矮圈足。罐、方唇、卷沿、溜肩或折肩、
腹較直、小平底。〔註 37〕這類遺存在膠東半島中部以西地區尚未發現，僅發
現於半島的東南部的乳山、文登、榮城等地區，被稱之為「南黃庄文化」。

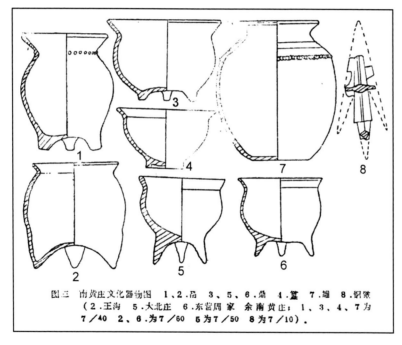

圖三二：南黃庄文化器物圖

（採自王錫平，〈膠東半島夏商周時期的夷人文化〉，頁 22）

　　南黃庄文化的陶器，無論在質地、紋飾或是器類、器形上，都與珍珠門文
化有直接的繼承關係。例如兩者陶質都是以夾砂或夾雲母的紅褐陶為主，紋飾
也基本相同，有繩紋、弦紋、乳丁紋和刻劃紋等。在器形上，鬲、簋、罐的銜
接關係比較明顯。鬲由筒腹乳狀袋足變為鼓腹短錐足。簋由小敞沿鼓腹向折沿

〔註37〕王錫平，〈膠東半島夏商周時期的夷人文化〉，《北方文物》1987 年第二期，頁
　　　21。

瘦腹發展，珍珠門文化晚期的簋，已非常接近南黃庄文化的簋。罐在珍珠門遺址未有完整者，但從口沿的形制看，與南黃莊文化的基本相同。〔註38〕

南黃庄遺址中發現有圓角方形灰坑，坑內堆滿大量的紅燒土塊，周圍還有圓形或方形的柱洞坑，應爲當時的房址，人們還沒有脫離半地穴式的原始居住方式。各遺址文化層均很薄，包含物貧乏，墓中除了陶器外，還有少量石器及個別銅鏃，別無長物，各墓葬也看不出有什麼貧富或身份上的差別，這些顯示當地居民的經濟幾乎尚處於原始狀態。孟子在同其弟子咸丘蒙談話時，曾以貶意談到「齊東野人」，〔註39〕南黃莊文化或許就是齊東野人的遺跡。〔註40〕

商周時代東夷在山東地區大致上具有強大的勢力，但從考古學文化方面來看，他們的物質文明已逐漸被商周文化所同化。商代早期商文化已影響到山東西部部分地區，到了商代晚期，商文化的影響範圍已到達濰河一帶，濰河以西地區的文化面貌以商文化爲主，膠東半島則分布著帶有濃厚夷人風格的珍珠門文化。在西周和春秋初期，周文化的影響範圍比商文化更進一步，擴展到膠東半島的中部，半島的東南部則分布著夷人的南黃庄文化，山東地區東夷傳統的考古學文化至此走到盡頭，到了戰國時期東夷的考古學文化就整個融合於中原文化之中。

第二節　淮河地區淮夷的考古學文化

淮河不僅是我國地理上一條重要的南北分界線，而且也是中原文化與江南文化之間一條重要的分界線，淮河流域的古代文化明顯地表現出南北過渡性的特點。由於考古的發掘調查研究不夠，安徽地區的考古學文化迄今尚未建構出清析的系統、面貌，尤其是淮河以北地區顯得相當貧乏。目前江淮地區（指淮河以南、長江以北地區）的新石器文化，可歸納出下列四個類型：

（1）侯家寨——古埂下層類型（主要集中在江淮中部一帶，年代約在西元前5000～4000年之間）

（2）薛家崗類型（主要分布在大別山東南部皖河流域和沿江一帶的丘陵地區，年代約在西元前3800～3100年之間）

〔註38〕王錫平，〈膠東半島夏商周時期的夷人文化〉，《北方文物》1987年第二期，頁22。

〔註39〕《孟子‧萬章上》。

〔註40〕嚴文明，〈東夷文化的探索〉，《文物》1989年第一期，頁11。

（3）黃鱔咀類型（主要分布在江北沿江一帶，年代約在西元前 3800～3500
年之間）

（4）江淮龍山類型（遍布江淮地區，年代大約在西元前 3000～2000 年
之間）

其中侯家寨——古埂下層類型、薛家崗類型和江淮龍山類型，大致上代表了江淮地區新石器文化發展的三個不同階段。由於處於南北交會的特殊地裡位置，以上四個文化又受到黃淮、東南沿海、江漢等三大新石器文化系統不同程度的影響，使江淮地區的新時器文化一方面具有自己的特色，另一方面又具有強烈的過渡性文化的特點。〔註40〕

大約夏代時期，江淮地區的考古學文化表現有四組文化因素：

（1）河南龍山文化晚期和二里頭文化因素

（2）山東龍山文化晚期和岳石文化因素

（3）南方古文化因素

（4）本地土著文化因素

徐州高皇廟遺址的陶器有鬲、豆、罐、盆等，也有小型的銅刀和銅鏃，遺址中還發現有卜骨和卜甲，卜骨的鑽都是三個連成一排，與殷墟所見的卜骨鑽鑿不同。〔註43〕離高皇廟遺址不遠的銅山丘灣在一九六五年發現了一處祭祀遺跡，〔註44〕在大約七十五平方米的範圍內，發現二十具人骨、二個人頭骨和十二具狗骨，人骨都是雙手反縛，顯然是被迫所致，丘灣的祭祀遺跡很可能是一種社祀遺跡，有人認為殺人祭社是這個地區東夷的習俗。〔註45〕丘灣遺址的陶器質量以泥質灰陶為主，夾砂灰陶次之，還有數量很少的泥質紅陶、夾砂紅陶和泥質黑陶，紋飾以較組的繩紋占絕大多數，間有細繩紋，素面次之，其他還有弦紋、附加堆紋等，器形以鬲、簋、豆、罐、瓮為主（見圖三三），與中原商文化遺址完全一致。不過陶器中的素面鬲、細柄豆、大口罐，以及銅器中的高領弦紋鬲也很富有地方特色。〔註46〕

〔註40〕楊立新，〈安徽江淮地區原始文化初探〉，《文物研究》第四期（1988 年 10月）。

〔註43〕江蘇省文物管理委員會，〈徐州高皇廟遺址清理報告〉，《考古學報》1958 年第四期。

〔註44〕南京博物院，〈江蘇銅山丘灣古遺址的發掘〉，《考古》1973 年第二期。

〔註45〕俞偉超，〈銅山丘灣商代社祀遺跡的推定〉，《考古》1973 年第五期。王宇信、陳紹棣，〈關於銅山丘灣商代祭祀遺址〉，《文物》1973 年第十二期。

〔註46〕嚴文明，〈東夷文化的探索〉，《文物》1989 年第九期，頁 11。

　　淮河以南長江以南的江淮之間，其文化面貌要比淮河以北複雜得多。這裏發現了許多商周時代的遺址和墓葬，其文化面貌互有差異，淵源有別，初步可以分爲二類：一類是本地的土著文化，夏商至春秋時期是這地區文化的主流；一類是與中原商周文化基本相同的文化，這兩類文化在春秋末期都被楚文化所取代。〔註47〕

陶器（1. 1/9，2. 1/12，3—13. 1/6：1、3、6. 下室，2、4、5、7—13. 上室）
1、6、12. 罐　2. 瓶　3、4. 盆形器　5、7、13. 鬲　8、11. 豆　9. 凹足　10. 罐形器

圖三三：江蘇銅山丘灣遺址陶器
（採自南京博物院，〈江蘇銅山丘灣古遺址的發掘〉，頁74）

　　從現有的考古資料看，江淮地區商周時代的考古學文化可以分成七個階段：二里頭文化時期、商代前期、商代後期、西周時期、春秋早期、春秋中期和春秋晚期（見圖三四）。二里頭文化時期以薛家崗 H25〔註48〕、含山大城墩第一期〔註49〕爲代表，這兩處包含的遺物約相當於二里頭文化晚期，有陶器、石器、骨器等。大城墩的陶器主要有寬沿線腹盆形鼎、短頸平底繩紋罐形鼎。薛家崗出土的器物主要有罐形鼎，共出的還有帶把凹底爵杯、細腰斝、高柄線盤豆等。含山大城墩的平底罐形鼎、薛家崗的爵杯、高柄豆、斝等與中原二里頭晚期的同類器相似。

　　江淮地區商代前期的文化相當於中原文化二里崗階段，主要遺址有含山

〔註47〕楊德標、楊立新，〈安徽江淮地區的商周文化〉，載於《中國考古學會第四次年會論文集》（北京，文物出版社，1985年十二月），頁65。
〔註48〕安徽省文物工作隊，〈潛山薛家崗新石器時代遺址〉，《考古學報》1982年第三期。
〔註49〕安徽省文物工作隊，〈含山大城墩遺址試掘簡報〉，《安徽文博》總三期。

大城墩、肥東吳大墩、潛山薛家崗、霍邱繡鞋墩、紅墩寺、來安頓丘、淮南清明孤堆、壽縣鬥雞臺、含山小城子、荊王城、肥東烏龜灘、合肥劉大墩、武大城、六安眾德寺等遺址，〔註50〕其中以大城墩和潛山薛家崗、肥東吳大堆等遺址為代表。此類文化遺存陶器的紋飾以粗繩紋為主，另外還有附加堆紋、網格紋、凹弦紋、雲雷紋等，器形有錐足鬲、假腹豆、淺盤豆、高領凹底罐、深腹罐、大口尊、硬陶尊、大口甕、罌、缸、鼎等。銅器主要有斝、觚、爵、削、匕、戈等，與中原商文化二里崗時期的風格基本一致。〔註51〕

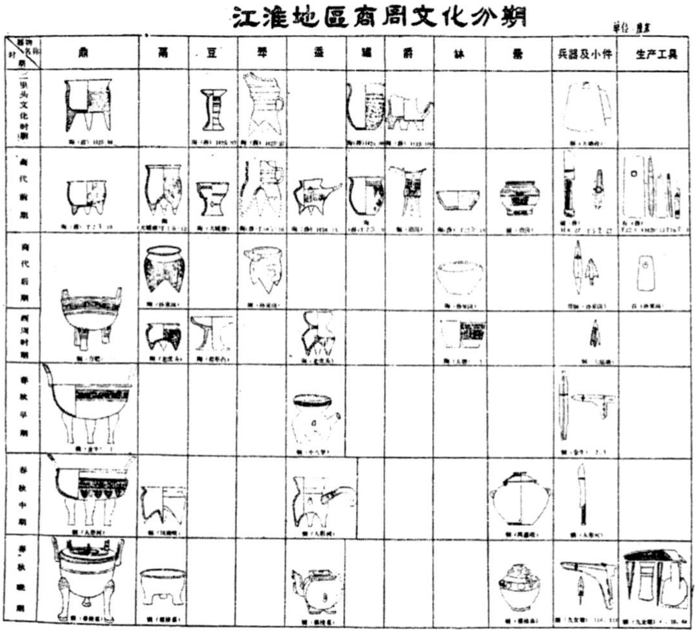

圖三四：江淮地區商周文化分期
（採自楊德標、楊立新，〈安徽江淮地區的商周文化〉，頁66）

〔註50〕張敬國、賈慶元，〈東縣古城吳大堆遺址試掘簡報〉，《文物研究》1985年第一期。張敬國，〈安徽肥東肥西古文化遺址調查〉，《文物研究》1986年第二期。安徽省文物工作隊，〈含山大城墩遺址試掘簡報〉，《安徽文博》總三期。安徽省文物考古研究所等，〈安徽含山大城墩遺址第四次發掘報告〉，《考古》1989年第二期。安徽省文物工作隊，〈潛山薛家崗新石器時代遺址〉，《考古學報》1982年第三期。

〔註51〕1977年曾在六安縣發現銅、斝、銅觚各一件，為敞口、鼓腹、平底、束腰、三梭形空錐足、菌形矮柱、腹飾弦紋。觚為細長頸喇叭口，圈足上有『十』字鏤孔，腹上飾兩組對稱的饕餮紋，這二件銅器與二里崗文化同類器物接近，具有商文化早期銅器的風格。1965年在蚌埠市收購到一件銅爵，該爵狹長流、短尾、菌形柱、束腰平底、三梭形錐足外撇，腹飾單線雲雷紋一周。1984年在霍山縣佛子嶺出土一件銅斝，其形制與二里崗商文化銅斝相似。

　　江淮地區商代後期的文化相當於中原商文化殷墟時期，主要遺址有含山孫家崗〔註52〕、大城墩、六安眾德寺、肥東大陳頭遺址。陶器的主要器形有小錐足鬲、淺盤豆、圈足簋、罐、鉢、缸、大口尊等，印紋硬陶和原始瓷數量較前期為多。紋飾以繩紋為主，其次為弦紋、附加堆紋。銅器發現的數量多，而且種類也比前期要複雜，除銅容器、兵器、生產工具外，還有車馬器、樂器等，大體上與商代晚期的銅器相似或相同。〔註53〕

　　綜觀江淮地區殷商時期的文化面貌，主要包含三類文化因素，一類是中原商文化因素，如大部分銅器以及陶器中的鬲、豆、大口尊、罐等，與鄭州二里崗、安陽殷墟出土的遺物造型基本一致，反映了商文化對這一地區的強烈影響，特別是商代晚期。第二類是具有本地區文化特徵的因素，如陶器中的筒形杯、兩足器、廣肩瓮、曲壁粗陶坩堝、斝、鼎等，為中原商文化中所不見或少見，它們與本地區原始文化關係密切；大多數青銅禮器和兵器雖然和商文化如出一範，但個別銅質生產工具，則具有明顯的地方特徵，從江淮地區各遺址總體來看，第二類文化因素在殷商時期一直是這一地區的主流。第三類是來自江南地區的文化因素，如在江淮地區殷商時期文化層中發現的印紋硬陶和原始瓷，可能來源於吳城文化與湖熟文化，江淮地區殷商時期流行的算珠形紡輪與湖熟文化中的輪紡雷同，潛山與廬江出土的獸面紋大銅鐃則與湖南地區出土的銅鐃基本相同。由此可見江淮地區殷商時期的文化具有一定的地方特徵，在發展過程中，曾受到來自於北部中原商文化與江南吳城文化和湖熟文化的影響，使其文化面貌具有明顯的多元性特徵。〔註54〕

〔註52〕安徽省展覽、博物館，〈安徽含山縣孫家崗商代遺址調查與試掘〉，《考古》1977年第三期。

〔註53〕1954年在嘉山泊崗出土一批銅器，計有斝、爵、觚、罍四件器物。1957年在阜南縣朱寨區月兒河發現一批商代銅器，有龍虎尊、饕餮紋尊、斝、觚、爵等共九件。1971年在潁上趙集王拐村徵集青銅器七件，有爵、觚鈴、車器、弓形器等。1972年在潁上王崗鄭小莊發現商代墓葬兩座，出土銅器有爵、觶、矛、刀鑿、斧，以及鉛器斧、戈各一件。1972年在潁上王崗鄭小莊發現一座商代墓葬，出土仿銅鉛器十八件，計有鼎、簋、瓿、爵、爵、卣、尊、弓形器，另外還有銅矛、銅戈和繩紋陶罐。1982年在潁上王崗鄭家灣發現商代墓葬一座，出土有鼎、爵、尊、卣、弓形器、戈共七件，陶罐一件。此外，在肥西、合肥、長豐、舒城、六安、壽縣、廬江等地，也曾發現過商代後期銅器（見《安徽省博物館藏青銅器》，上海人民美術出版社，1987年5月）。

〔註54〕宋新潮，〈殷商文化區域研究〉（西安，陝西人民出版社，1991年10月），頁

　　西周時期以滁縣朱勤大山上層〔註55〕、肥東墩、含山荊王城、大城墩第六期、岳西窯形凸上層、肥西七姑墩、老虎頭等遺址爲代表，出土遺物主要是陶器、石器，陶器的形制有鬲、豆、盉、甗、罐等，原始瓷器有豆、碗、盅等。安徽江淮地區西周文化遺存可分爲以下三期：第一期：典型層位有繡鞋墩 Tl4b 層、大城墩 T44 層，吳大墩 Tl6 層。本期陶器以夾沙深灰陶爲主，有一定數量的紅褐陶。紋飾主要是繩紋，並有弦紋、指窩紋和少量印紋。繩紋鬲侈口，多聯襠，或作癟襠，袋足較深，足根著地端面積較小，或呈尖錐狀；繩紋甗腰際多有圓形指窩紋；盆多爲侈口，淺腹；豆柄較粗矮。本期素面鬲很少，較完整的一件出於第二期地層（大城墩 T34 層），但由於同期地層中出有另一種體型較小，口徑與腹徑相近的素面鬲，根據各遺址年代較晚的地層所出素面鬲較小，而口徑與腹徑之比較大的特點來看，前一種器體偏大、口徑偏小的素面鬲年代應較早，其錐足較尖較矮的特徵則與第一期繩紋高足相同，故歸入本期文化遺存中。素面甗大口、束腰、錐狀實足。高圈足簋腹微下垂，圈足較粗。第二期：典型層位有繡鞋墩 Tl4a 層、眾德寺 Tl2-6 層、吳大墩 T15 層。陶器中夾沙紅陶有所增加，紋飾大致與第一期相同。陶器中繩紋鬲口沿微侈，沿多較短，足根爲錐柱狀、稍高，袋足仍較深。繩紋甗腰部多飾長圓形或半月形指窩紋。盆常見侈口、折壁、腹較深的。豆圈足稍細，罐仍爲凹底。素面鬲較小，口徑與腹徑相近。高圈足簋本期偏早時圈足較粗，微折壁，本期偏晚圈足細高，折壁。第三期層位以繡鞋墩 T13 層、大城墩 T33 層、吳大墩 T34 層、青蓮 T24b 層爲代表，本期有些遺址的陶器以夾沙紅褐陶爲主，紋飾中印紋陶增多。繩紋鬲口沿近平，肩徑較大，有的微折肩，是在周式鬲的基礎上發展起來的「淮式」鬲，其實足爲較高的錐狀柱，袋足較淺。繩紋柄腰部或無指窩紋。盆多折壁，腹部更深。豆圈足較細高，瞻爲侈口、寬體。素面鬲體小胎厚，淺袋足，高實足，制作草率，爲冥器（圖三五：安徽江淮地區周代陶器分期圖）。〔註56〕

　　　181。

〔註55〕南京博物院，〈江蘇儀六地區湖熟文化遺址調查〉，《考古》1962 年第三期。

〔註56〕王迅，《東夷文化與淮夷文化研究》（北京，北京大學出版社，1994 年 4 月），頁 116。

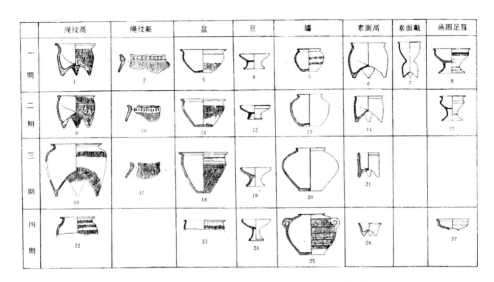

圖三五：安徽江淮地區周代陶器分期圖

（採自王迅：《東夷文化與淮夷文化研究》，頁 117）

　　春秋早期的文化以肥西金牛〔註 57〕、小八里兩墓爲代表。金牛墓葬出土的遺物有銅鼎、銅戈、銅劍，紋飾有雲紋、凸弦紋等。小八里墓出土一批青銅器，有鉉鼎、匜、盉、盤、簋等，紋飾有重環紋、夔紋、饕餮紋等。附矮座的銅方簋，四方盒形，底爲方座，四環形耳，蓋上飾兩行夔紋，四角呈乳突形，造形新穎特殊，應爲土著文化的特徵。

　　春秋中期的文化以舒城鳳凰嘴〔註 58〕、懷寧人形河〔註 59〕兩墓爲代表，兩墓都出土一批青銅器，有鼎、鉉鼎、犧鼎、盉、罍、匜、鬲等，還有玉、石類的裝飾品，紋飾有夔紋、蟠虺紋、蟬紋等。犧鼎獸首，兩角，大圓眼，眼珠嵌綠松石，脊上有蓋，鼓腹，獸足，前兩足脛突起蟠龍，似是這一帶流行的土著文化。

　　春秋晚期的文化以舒城九里墩墓〔註 60〕爲代表，出土的銅器有鼎、簋、敦、盉、鼓座、甬鐘、戈、矛、戟、殳、斧、錛、鏃、鐮、車馬器，以及石磬、印紋硬陶等。這批青銅器的花紋精細繁縟，流行的主要紋飾是細蟠虺文。

　　江淮地區商周時代文化本身的特點，就銅器而言，一是造型渾厚，器物

〔註 57〕安徽省文物工作隊，〈安徽肥西縣金牛春秋墓〉，《考古》1984 年第九期。
〔註 58〕安徽省文化局文物工作隊，〈安徽舒城出土的銅器〉，《考古》1964 年第十期。
〔註 59〕懷寧縣文物管理所，〈安徽懷寧縣出土春秋青銅器〉，《文物》1983 年第十一期。
〔註 60〕安徽省文物工作隊，〈安徽舒城九里墩春秋墓〉，《考古學報》1982 年第二期。

較大，色澤翠藍，如嘉山、舒城、人形河等地出土的甬鐘、虎首龍身銅鼓座、重環紋銅匜、饕餮紋銅爵等；二是器形奇特，精湛美麗，如獸形犧鼎、蟬紋鼎、鉉鼎、帶把盉、獸形把手匜等，別具一格。就陶器而言，巢湖以西，大別山東麓地區，炊器以鼎、甗爲主，鬲少見，鼎多是錐狀足，土黃色；甗形器口沿上安有對稱的附耳；流行角狀把手、帶把三足盉、鳥形壺等。以上這些特點爲中原或其他地方少見或不見，是江淮地區商周時期的文化特色，這類土著文化同時也是此一地區的文化主流。〔註61〕

　　除了土著文化之外，這裏的商周時代文化也受到中原文化的強烈影響。如巢湖以東地帶的含山大城墩、孫家崗等商代遺址中，炊器以鬲、甗爲主，鼎少見。大城墩出土的陶鼎、假腹十字鏤孔豆、深腹罐、大口尊、斝、罐等器形，與鄭州二里崗的同類器比較，在造型、陶質、陶色、紋飾等方面，都沒有多少區別。這裏發掘的商周墓葬，其埋葬習俗也同中原一致。

　　江淮地區的商周時代文化，與寧鎮地區的湖熟文化也有相互交流。寧鎮地區出土的算珠形紡輪，在江淮地區的大部分遺址中都能見到。江淮地區出土的鬲、盆、眞腹豆等，在南京北陰陽、鎖金村等湖熟文化的遺存中多見，還有這個地區出土的印紋硬陶也與湖熟文化的雷同。春秋時期，淮夷爲吳、楚爭奪的目標，文化受到來自東、西兩方的影響。從安徽江淮地區各遺址的春秋時期遺存的差異，可以看出江淮地區東半部受吳文化影響較多，如含山大城墩遺址，所出春秋陶器以紅陶爲主，印紋陶、原始瓷器亦多。皖西一帶的壽縣青蓮寺遺址的春秋遺存，陶器中紅陶、印紋陶略少，不見原始瓷器，但與楚式鬲相近的小口、圓肩、高足鬲較多。這種情況的出現，是吳、楚力量大體均衡的結果。淮夷文化便在吳、楚一時皆不能有效地控制淮夷地區，吳、楚文化交相影響下存續和發展。〔註62〕

　　西周到春秋時期，江淮地區散布著許多淮夷邦國，如英、六、宗、巢、桐和群舒等，在這些邦國的境域出土了幾批青銅器，如一九五九年舒城縣龍舒公社鳳凰嘴出土的獸首鼎、鉉鼎、盉、鬲、缶、盤等；〔註63〕一九七一年肥西縣柿樹崗八里村出土的蟠虺紋鼎、盤、匜、小方簋等；〔註64〕一九七四

〔註61〕楊德標、楊立新，〈安徽江淮地區的商周文化〉，頁69。

〔註62〕王迅，《東夷文化與淮夷文化研究》，頁123。

〔註63〕安徽省文化局文物工作隊，〈安徽舒城出土的銅器〉，《考古》1964年第十期。

〔註64〕上海人民美術出版社編，《安徽省博物館藏青銅器》（上海，上海人民美術出版社，1987年5月），圖十三～十六。

年和一九七八年舒城縣五里公社磚瓦廠出土的犧形鼎，以及六安縣思古潭和
廬江縣盆頭出土的蟬紋鼎；〔註65〕一九八二年懷寧縣金拱公社楊家牌出土的
犧鼎、盤口盉、匜、缶等；〔註66〕一九八八年廬江縣岳廟鄉十八橋村莫莊出
土的兔首鼎、盤口鬲形盉、匜形勺、龍首扳（見圖三六）；〔註67〕一九八九年
六安縣毛坦廠鎮燕山出土的盤口鬲形盉、匜形勺、盤、尊等。〔註68〕

　　這些青銅器在造型、紋飾方面展現出豐富多采的面貌，具有明顯的地方特
色，有許多器形是其它地區所不見的，其中最典型的是兔首鼎、蟬紋鼎、盤口
鬲形盉和匜形勺等。兔首鼎（或稱犧鼎、獸首鼎）造形別致，一般形制相同，
紋飾略有差異，兔首生動可愛，無粗獷猙獰之氣，是這地區的獨特產物。

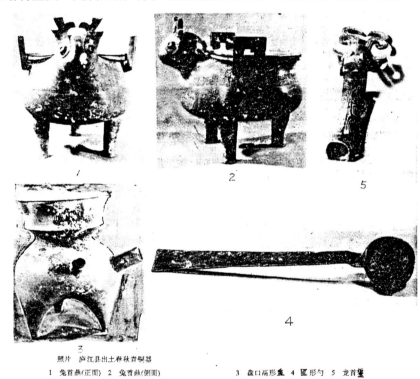

照片　廬江縣出土春秋青銅器
1　兔首鼎(正面)　2　兔首鼎(側面)　　　3　盤口鬲形盉　4　匜形勺　5　龍首鏧

圖三六：廬江縣出土春秋青銅器

（採自馬道闊，〈安徽省廬江縣出土春秋青銅器〉，頁74）

〔註65〕上海人民美術出版社編，《安徽省博物館藏青銅器》，圖十七、十八、五十四。
〔註66〕懷寧縣文物管理所，〈安徽懷寧出土春秋青銅器〉，《文物》1983年第十一期。
〔註67〕馬道闊，〈安徽省廬江縣出土春秋青銅器──兼談南淮夷文化〉，《東南文化》
　　　　1990年第一、二合期。
〔註68〕轉引自馬道闊，〈安徽省廬江縣出土春秋青銅器──兼談南淮夷文化〉，頁77。

蟬紋鼎的形制花紋風格也很一致，其特點是有平蓋，口置立耳外傳，平口沿外折，腹微鼓，圜底，三足根多飾獸首紋，腹飾蟬紋和蟠虺紋（或雲紋），花紋之間以棱扉相隔。盤口鬲形盉也出土於不同的古國境內，但造形風格一致，大同小異，其特點是盤口、腹部設短流，下為三袋足鬲形器，扳為卷曲角狀分兩截組成。匜形勺的特點是勺為匜形，柄為長梯形，尤其是柄與勺銜接部位鑄造精巧，十分實用。以上這些青銅器出土於淮夷古國境內，應是淮夷各國的文化遺存，它們的制作精巧生動，反映出淮夷具有高度的文化水準。

春秋時期出土的徐、舒各國金文，也可反映出淮夷當時的文化水準。徐國金文收錄在《兩周金文辭大系考釋》的有〈郐王糧鼎〉、〈宜桐盂〉、〈沇兒鐘〉、〈王孫遺者鐘〉、〈郐王義楚耑〉、〈儝兒鐘〉、〈郐鶛尹鉦〉，〔註69〕另有〈郐太子伯辰鼎〉〔註70〕、〈郐子氽鼎〉，〔註71〕以及江蘇丹徒背山頂出土的徐器（見圖三七）。〔註72〕

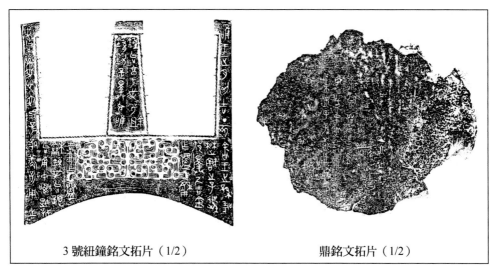

3 號紐鐘銘文拓片（1/2）　　　　　鼎銘文拓片（1/2）

圖三七：江蘇丹徒背山頂出土之徐器

（採自商志覃、唐鈺明，〈江蘇丹徒背山頂春秋墓出土鐘鼎銘文釋證〉，頁 53、54）

〔註69〕 郭沫若，《兩周金文辭大系考釋》（台北，大通書局），頁 159～164。
〔註70〕 此鼎出土於湖北枝江，見高應勤、夏淥，〈『郐太子伯辰鼎』及其銘文〉，《江漢考古》1984 年第一期。
〔註71〕 此鼎出土於山東費縣，見心健、家驥，〈山東費縣發現東周銅器〉，《考古》1983 年第二期。
〔註72〕 商志覃、唐鈺明，〈江蘇丹徒背山頂春秋墓出土鐘鼎銘文釋證〉，《文物》1989 年第四期。

　　徐國金文的特點是文辭簡潔，用韻精湛，江蘇丹徒背頂山春秋墓六號鐘銘文云：

　　　　（上略）我台（以）夏台（以）南，中鳴媞好。我台（以）樂我心，

　　　　也ㄑ已ㄑ，子ㄑ孫ㄑ兼（永）保用之。

鐘銘第一句的『南』與第三句的『心』諧韻，屬之部；第二句的『好』與第四句的『已』、第五句的『之』爲韻，屬幽部與之部，是幽、之互諧。鼎銘云：

　　　　（上略）余台（以）鬻（煮）台（以）鸞（享），台（以）伐四方，

　　　　台（以）從敔鬻王，葉萬子孫，兼（永）寶用鸞（享）。

這五句的享、方、王皆爲陽韻，用一部之韻，首以享爲上平聲，次之方、王皆平聲，再用上平聲的享結尾，將韻聲運用得恰到好處。〔註73〕楊樹達指出徐國金文不僅文采斐然，意境清新，而且清音響亮，反映出徐國文治敷揚、文化卓犖的歷史。〔註74〕

　　一九八○年九月安徽舒城九里墩發現一座舒國春秋墓，〔註75〕出土器物共一百八十三件，其中青銅器有一百七十餘件，分別是禮器、樂器、兵器、車馬器、生產工具等。青銅器的造型優美，大小器物上都布滿紋飾，花紋的鑄造極爲精緻。其中有一件是帶有銘文的鼓座，銘文筆劃纖細勻稱，字體修長秀麗，與徐器銘文接近。舒城出土的銅器，獸首裝飾和獸形紋飾很突出，也與徐器相似，說明徐、舒文化有許多相似之處。〔註76〕

　　總而言之，淮河地區的考古學文化以淮河爲分界線，商周時期淮河以地區大體上屬於中原商周文化系統，淮河以南長江以北地區則呈現複雜的面貌，這裏的考古學文化以土著文化爲主流，但受到中原商周文化的強烈影響，並與南方的吳城文化和湖熟文化有文化交流。商周時期江淮地區是淮夷中英、六、桐、群舒等國的分布地，這裏的文化面貌複雜，而且以土著文化爲主流，反映出淮夷各國在受周遭文化影響之餘，還能保持固有的傳統文化。春秋時期徐、舒的銅器制作精美，金文字體秀麗，用韻精審，反映出淮夷亦具有高度的文化水準。在文獻中淮夷若非被視爲蠻貊之邦，即是淪爲不起眼的小國，其文化似是無足以稱述者，但從考古學文化的發掘研究看來，這種印象實是有失偏頗。

〔註73〕商志驆、唐鈺明，〈江蘇丹徒背山頂春秋墓出土鐘鼎銘文釋證〉，頁55。
〔註74〕楊樹達，《積微居金文說》（北京，科學出版社，1959年），頁39。
〔註75〕安徽省文物工作隊，〈安徽舒城九里墩春秋墓〉，《考古學報》1982年第二期。
〔註76〕陳秉新，〈徐舒源流初探〉，《安徽史學》1986年第二期，頁55。

第六章　結　論

　　東夷是我國古史上一個強大的部族集團，大小邦國眾多，分布於山東、蘇北和淮河兩岸一帶。東夷成員的主要氏姓是風姓、嬴姓和偃姓，包含的邦國有風姓的太皞氏及其後裔任、宿、顓臾、須句，嬴姓的少皞氏及其後裔奄、徐、郯、譚、鄆、費、江、黃、葛、穀、郳、鄅、秦、梁、趙，由嬴姓派生出來的偃姓英、六、桐、群舒、絞、貳，以及其他氏姓的萊、莒、邾等。大致而言，東夷部族集團以古濟水為界，散居於黃淮平原南半部，遠及漢水流域。從傳說時代開始，東夷民族即與中原民族互有往來，維持密切的關係，在夏、商、周三代東夷民族更是常與中原王朝發生衝突，形成對峙的局面達千餘年之久，「夷夏之爭」就構成了古代民族發展史的主流之一。

　　就整個態勢而言，三代的夷夏之爭，除了夏初東夷大君有窮氏后羿曾奪取夏的政權之外，大部分時期東夷是屈居下風的。在商、周兩代東夷與商周王朝的關係又有些不同，大致上東夷與商王朝的對立衝突較為緩和，跟周王朝的對抗則相當激烈。東夷與商王朝的衝突較為緩和，似乎和他們與殷商民族的淵源有關，從活動的地域來看，殷商民族的先公先王大概活動於河北中部、南部和豫東魯西一帶，和東夷的地緣關係相當密切；從圖騰方面來看，殷商民族和東夷均屬於鳥圖騰，就這兩者而言，雙方似乎具有深厚的淵源。商湯以豫東魯西為其勢力中心，逐步滅掉夏的與國和夏王朝，可能有獲得東夷的協助。

　　在典籍的記載中，東夷與商王朝的衝突極為少見，但在商代晚期，東夷與商王朝的關係惡化，《左傳》載「商紂為黎之蒐，東夷叛之」，又稱「紂克東夷而隕其身」。地下出土的金文和卜辭，亦載商代晚期淮水流域的夷方曾

與商王朝數度發生衝突，商王帝乙或帝辛親征夷方。商代晚期東夷或夷方與商王朝的關係不和睦，對商王朝的覆亡似乎產生相當不利的影響。根據學者研究，商王朝的政治體制是一種「不平等方國聯盟」，以殷王國為中心，由許多既具有隸屬關係又具有聯盟關係的邦族構成了商王朝。商代晚期周邦逐漸強大，文王『率殷之叛國以事殷』，一個新的方國聯盟興起，嚴重威脅到商王朝的政權，在這種態勢下，東夷或夷方離叛商王朝，導致商王親自率軍出征，不論在國力的耗損上或是民心士氣方面，都應該會產生相當不利的影響，所謂「紂克東夷而隕其身」，大概是跟這個情勢有關。

西周初年三監叛周，東夷支持紂子武庚的反周行動，周人出師東征，敉平了三監之亂，並繼續對東夷用兵，平服東夷，滅掉奄、蒲姑等國，在山東地區設置了齊、魯、滕、曹、郕等封國，以控馭東夷。不過周人對山東地區的控制，似乎僅及於臨淄──滕縣一線，此線以東仍是東夷的天下，齊太公就封尚與萊人爭國，魯中地區春秋時期屬於莒國，也不在周人的勢力控制之中，西周時期山東的東夷曾數度爆發反周行動，說明東夷仍未屈服於周王朝的統治之下。

西周中期以後，淮河流域的淮夷勢力逐漸強大，成為周王朝東南方的大敵，淮夷曾多次攻入內地，造成周王室莫大的困擾。穆王時期傳說有一位徐偃王反周，《竹書紀年》亦載穆王大起九師伐徐。此後淮夷多次攻伐周王朝，〈彔敦卣〉載淮夷攻伐內國，〈敦方鼎〉記周師追擊淮戎。而周中期偏晚的〈翏生盨〉云周王親征南淮夷，〈禹鼎〉載鄂侯馭方率南淮夷、東夷攻伐周王朝的南土、東土，聲勢非常浩大，〈敔簋〉記淮夷曾侵入陝西東南一帶。厲王時期淮夷曾攻伐周王朝，〈宗周鐘〉載南國服子率南夷、東夷廿六邦伐周，厲王似亦曾親征南淮夷。宣王時期，據〈兮甲盤〉所載，宣王為了征伐玁狁，命淮夷出貢賦、力役等，結果引起淮夷反周，《詩·大雅·常武》即載宣王曾親征徐方；〈駒父盨〉蓋銘文記宣王十八年諸侯聯軍戍於上蔡，此時淮夷與周王朝的關係似乎相當緊張。

從軍防形勢而言，西周中期淮夷與周師纏戰的地點是在汝水一帶，淮夷大抵沿著淮河支流而上攻伐周王朝，周王室把防禦淮夷的軍防重心放在上蔡、陳、許、葉縣一帶，由此構成一道運事屏障。但從西周中期偏晚開始，淮夷往往與漢水流域諸國聯合攻伐周王朝，淮夷曾侵陝西東南部，其行事路線似乎是溯淮而上，經南陽盆地，再溯漢水而上直抵丹水流域。南陽盆地位

居南北要衝,當時似無重要邦國封建於此,隨著南方情勢的轉變,這裡的軍防弱頓時暴露出來。周宣王時命召伯虎經營南國,徙封申伯於南陽,以鎮撫南疆,正是爲了因應此新形勢所制定的策略。從〈兮甲盤〉銘文來看,淮夷在周宣王之前已服屬周王朝,須對周王朝納貢賦,但淮夷對周王朝仍是叛服不定。終西周一代,淮夷大致上仍獨立於周王朝的勢力控制之外,與周王朝保持對峙的局面,構成周王朝的一大威脅,夷夏相爭的態勢基本上仍未被打破。

春秋時代是列國爭霸的時期,在國際形勢上形成數個霸主集團,多數小國依附於齊、晉、楚、吳等大國之下以求自保。此一時期的東夷或許是失去抗爭的對象,也或許是時代潮流所趨,各個邦國似是各自獨立,並未形成一個強大的聯盟,它們或彼此相互攻伐,或遭併滅,或成爲大國的屬國。齊桓公時代,漢、淮各國如江、黃、徐等,其動向是附齊以制楚,此時山東的東夷大部分仍未捲入中原各國的事務糾紛之中。此後在晉、楚的長期爭霸中,以及吳、楚的爭戰下,漢、淮的東夷各國如江、黃、英、六、桐、群舒等,逐一被楚所滅,徐最後也滅於吳。山東地區的萊國爲齊所滅,邾、莒則依附於晉、齊、楚、吳之間,維持至戰國時代,其他小國大致上爲齊、魯所滅。夏、商、西周時代,與中原王朝鼎足對峙的東夷民族,在列國爭霸吞併的情勢下,並未結成強大的聯盟,終於逐一被滅,結束了他們在古史上的悠久歷史。

商周時代東夷雖然與商周王朝處於對峙的局面,但從考古學文化來看,東夷的文化受到商周文化相當強烈的影響。在山東地區,商代早期商文化已影響到山東西部的部分地區,到了商代晚期,商文化的影響範圍已到達濰河一帶,膠東半島則分布著帶有濃厚夷人風格的珍珠門文化。在西周和春秋初期,周文化的影響範圍已擴展到膠東半島的中部,半島的東南部則分布著夷人的南黃庄文化,此後山東東夷的考古學化就完全被中原文化所融合。

在淮河地區,商周時代淮河南北的文化面貌差異極大,淮河以北地區大體上屬於中原商周文化系統,淮河以南長江以北地區則呈現複雜的面貌,這裏的考古學文化以土著文化爲主流,但受到中原商周文化的強烈影響,並與南方的吳城和湖熟文化互有文化交流。商周時代江淮地區是淮夷之中英、六、桐、群舒等國的分布地區,這裏的文化面貌複雜,而且以土著文化爲主流,反映出淮夷各國在受周遭文化影響之餘,還能保持傳統文化,西周時期

淮夷時常與周王朝發生衝突對抗，獨立於周王朝的勢力控制之外，這地區考古學文化的發展狀況恰與此一現象符合。春秋時期，徐、舒的銅器制作精美，金文字體秀麗，文辭用韻精審，顯示淮夷亦具有高度的文化水準，在文獻中淮夷若非被視爲蠻貊之邦，即是淪爲不起眼的小國，其文化似乎無足以稱述者，但從考古學文化的發掘研究看來，這種印象是有失偏頗的。

　　東夷歷夏、商、周三代一直與中原王朝處於對峙的局面，既不被中原王朝所征服同化，亦未形成一個統一的國家或王朝，這種現象是十分奇特、相當引人注目的。東夷民族之所以能長期保持獨立地位，未臣服於中原王朝，大致上可從地理環境、人種和族群意識來加以分析。就地理環境而言，山東地區地形以丘陵爲主，以泰沂山系爲中心，周遭分布一些小塊平原，這樣的地形便於部落或小邦國據守，易守難攻；淮河地區淮河的支流眾多，河渠縱橫，同樣也是易守難攻。另外，黃淮平原地區古代湖泊密布（見圖三八），根據《水經注》的資料，今豫東、魯西南和皖北平原有一片東西向排列的湖沼，是由濟水、濮水、汴水、睢水、泗水等河流的河間洼地和河口洼地，以及平原東緣與泰山山脈西麓之間的交接洼地等各種地凹地貌壅集積水而成的湖沼，著名的有圃田澤、孟諸澤、菏澤、雷澤、巨野澤、空桐澤、梧桐坡、澤湖等。淮北低洼平原區的汝淮、汝潁、潁渦之間，支流眾多，下游宣洩不暢，沿河壅塞成一連串湖泊，形成分布極密由西北──東南向的湖泊帶。〔註1〕山東西緣和淮河以北這種湖沼地形，對山東和淮河的東夷眾邦國而言，也具有屏障作用，使中原王朝難以進攻其地。

〔註 1〕 鄒逸麟，〈歷史時期華北大平湖沼變遷述略〉，《歷史地理》第五輯（1987 年五月），頁 28。

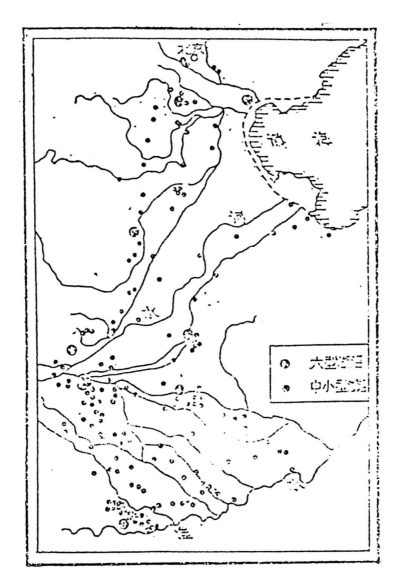

圖三八：《水經注》時代華北大平原湖沼溏泊分布圖
（採自鄒逸麟，〈歷史時期華北大平原湖沼變遷述略〉，頁 28）

　　就人種而言，新石器時代中國各地區的人種是以蒙古人種爲主幹，但各地區的體質有些差異，例如渭河流域的居民具有中、高顱，中等的面高和面寬，偏低的眶形和較闊的鼻，中等身高等特徵。魯南蘇北大汶口文化的居民，則具有更高的顱，較高的面高和較闊的面，可能身材比渭河流域的居民略高，並伴有頭部人工拔牙風俗、頭骨枕部變形和口頰內含球的習俗。河姆渡居民

具有長頭、低面、寬而很平的鼻骨等特徵。〔註2〕不同地區不同的體質特徵，再加上獨特的習俗，就容易構成不同的族群，東夷在古史上形成一個獨特的部族集團也或許與此有關。〔註3〕

就族群意識而言，每一個民族在長時期的歷史發展中，都會發展出獨特的語言、服飾、建築、禮樂、風俗文化等，形成強烈的民族情感和族群意識。東夷在傳說時代就已形成一個強大的部族集團，當已發展出獨自的民族文化情感，即使是在商周時代，當其物質文化逐漸同化於中原文化時，仍然保持著自己的禮儀，如《左傳》僖公二十七年載：

> 杞桓公來朝，用夷禮，故曰子。公卑杞，杞不共也。……秋，入杞，
> 責無禮也。

杞本諸夏國家，後遷入山東，處於東夷之地而習用夷禮，杞桓公以夷禮朝魯被視爲無禮而見伐，說明春秋時期東夷仍保有其禮儀並曾給諸夏國家很深的影響。東夷的民族意識也表現在下列一件事上，春秋時期徐國大夫容居出使魯國時，曾自豪地提到「昔我先君駒王西討，濟於河」，〔註4〕民族的情感表露無遺。強烈的族群意識，當是東夷與中原王朝保持長期對抗態勢的主要原因。

淮夷爲何與中原王朝或中原國家經常發生衝突？其中因素很多，這或許與彼此勢力的擴張有關；也或許與中原王朝的勒索剝削有關，如《兮甲盤》與《師寰簋》所言；另外也或許與淮夷所處的特殊地理位置有關，銅器是宗廟重器，其原料錫礦稀有難得，目前皖南發現先秦時期的銅礦礦冶遺址有十餘處（圖三九：皖南沿江地區先秦古銅礦遺址分布圖），〔註5〕有些學者認爲商周王朝的南近其重要目的之一在於獲取夾江兩岸盛產的金錫資源。〔註6〕《曾伯霥簋》言征伐淮夷，打通南金之路，或許是淮夷阻斷了中原國家取得

〔註2〕 潘其風、韓康信，〈我國新石器時代居民種系分布研究〉，《考古與文物》1980年第二期，頁88。

〔註3〕 韓康信、潘其風認爲大汶口文化居民可能與東夷集團有關（見〈古代中國人種成分研究〉，《考古學報》1984年第二期，頁259）。

〔註4〕 《禮記·檀弓下》。

〔註5〕 文物編輯委員會編，《文物考古工作十年——1979～1989》（北京：文物出版社，1990年），頁133。

〔註6〕 陳公柔，〈《曾伯霥簋》銘中的"金道錫行"及相關問題〉，載於中國社會科學院考古研究所編，《中國考古學論叢——中國社會科學院考古研究所40年紀念》（北京，科學出版社，1993年5月）。萬全文，〈商周王朝南進掠銅論〉，《江漢考古》1993年第1期。

錫礦的來源，而引起雙方的交戰。

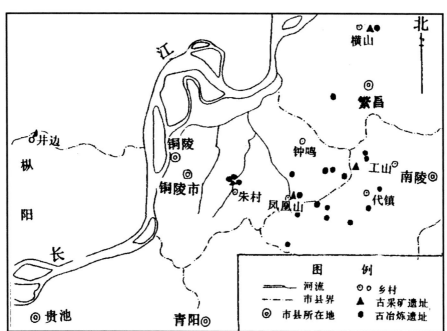

圖三九：皖南沿江地區先秦古銅礦遺址分布圖
（採自劉和惠，《楚文化的東漸》，頁 91）

　　總而言之，強烈的族群意識，特殊的體質特徵和風俗習慣，以及獨特的地理環境，使東夷集團能長期保持獨立的地位，不被中原王朝所征服同化。但似乎也正因自成小單元的地理形勢，使東夷各國只能形成個別獨立的小國，無法合併或統一成一統的王朝或國家，在與中原王朝的對抗中時常屈居下風，最後在春秋戰國時期列國爭霸吞併之風下逐一被滅。商周時代東夷的歷史發展大抵如上所論，在千餘年的長期歷史發展中，東夷當有其複雜的思想與文化，並會給予諸夏國家相當程度的影響，可惜囿於傳統偏見，以及文獻資料缺乏，這方面的記載非常少而無法詳論，《左傳》昭公十七年載郯子說了一番少皞氏以鳥名官的典故，孔子聞之往學於郯子，退而告人曰：「吾聞之，『天子失官，學在四夷』，猶信。」這說明即使在春秋時代，東夷國家也還具備一套典章學問，足資諸夏國家學習，而非只是蠻夷之邦而已。

參考書目

一、文　獻

1. 《尚書》，二十卷，十三經注疏本（台北，東昇出版事業公司）。

2. 《詩經》，二十卷，十三經注疏本（台北，東昇出版事業公司）。

3. 《禮記》，六十二卷，十三經注疏本（台北，東昇出版事業公司）。

4. 《左傳》，六十卷，十三經注疏本（台北，東昇出版事業公司）。

5. 《公羊傳》，二十八卷，十三經注疏本（台北，東昇出版事業公司）。

6. 《國語》，二十一卷，嶄新校注本（台北，里仁書局，民國69年9月）。

7. 《逸周書》，十卷，《四部備要》，第一一一○～一一一一冊。

8. 《墨子》，十五卷，《四部叢刊初編》縮本，第二十四冊。

9. 《楚辭》，十七卷，《四部叢刊初編》，第五七七～五八一冊。

10. 《呂氏春秋》，二十六卷，《四部叢刊初編》縮本，第二十四冊。

11. 《荀子》，三卷，《無求備齋荀子集成》第四冊。

12. 《韓非子》，二十卷，《四部叢刊》本（台北，成文出版社，民國69年）

13. 《山海經》，十三卷（台北，里仁書局，民國70年11月）

14. 《商君書》，五卷（《新編諸子集成》第五冊）。

15. 《尚書大傳》，五卷，《四部叢刊初編》，第四四～四五冊。

16. 《穆天子傳》，六卷，《四部備要》，第一一二九冊。

17. 《帝王世紀》，一卷，《叢書集成初編》，第三七○一冊。

18. 《史記》，一百三十卷，新校本（台北，鼎文書局，民國71年12月）

19. 《漢書》，一百卷，新校本（台北，鼎文書局，民國70年2月）

20. 《白虎通義》，二卷，《四庫全書》第八五○冊（台北，台灣商務印書館，

民國 12 年）

21. 《世本》，宋衷撰，（《百部叢書集成》V.50「二酉堂叢書」）

22. 《說文解字》，許慎著，段玉裁注，十五卷（台北，黎明文化事業公司，民國 67 年 11 月）

23. 《易緯稽覽圖》，鄭玄注，二卷，《四庫全書》第五三冊。

24. 《水經注》，酈道元撰，四十卷（台北，世界書局，民國 69 年 5 月）

25. 《後漢書》，九十卷，新校本（台北，鼎文書局，民國 70 年 4 月）

26. 《廣弘明集》，釋道宣撰，三十卷，《四庫全書》第一○四八冊。

27. 《北堂書鈔》，虞世南撰，一六○卷（台北，宏業書局，民國 63 年）

28. 《晉書》，一三○卷（台北，鼎文書局，民國 69 年 8 月）

29. 《魏書》，一一四卷（台北，鼎文書局，民國 69 年 6 月）

30. 《宋書》，一○○卷（台北，鼎文書局，民國 69 年 8 月）

31. 《南齊書》，五九卷（台北，鼎文書局，民國 72 年 4 月）

32. 《梁書》，五六卷（台北，鼎文書局，民國 72 年 1 月）

33. 《北史》，一○○卷（台北，鼎文書局，民國 69 年 12 月）

34. 《新唐書》，二二五卷（台北，鼎文書局，民國 70 年 1 月）

35. 《舊唐書》，二○○卷（台北，鼎文書局，民國 70 年 1 月）

36. 《史通》，劉知幾撰，二○卷，《四庫全書》第六八五冊。

37. 《太平御覽》，李昉等撰，一○○卷，《四庫全書》第八九三～九○一冊。

38. 《藝文類聚》，歐陽詢撰，一○○卷，《四庫全書》第八八七～八八八冊。

39. 《白氏六帖事類集》，白居易撰（台北，新興書局，民國 58 年）

40. 《路史》，羅泌撰，四七卷，《四庫全書》第三八三冊。

41. 《繹史》，馬驌撰，一六○卷（台北，新興書局，民國 72 年）

42. 《逸周書集訓校釋》，朱又曾撰，一○卷（台北，世界書局，民國 69 年 11 月）

43. 《皇清經解》，一四二○卷（台北，藝文印書館）

44. 《日知錄》，顧炎武撰，三二卷（台北，文史哲出版社，民國 68 年 4 月）

45. 《考信錄》，崔述撰（台北，世界書局，民國 68 年 10 月）

46. 《毛詩稽古篇》，陳啓源撰，三○卷（皇清經解第二冊，卷六○～八九）

47. 《春秋大事表》，顧棟高撰，五○卷（台北，台灣商務印書館，民國 72 年）

48. 《讀史方輿紀要》，顧祖禹撰，一三○卷（台北，新興書局）

49. 《括地志新輯》，王恢撰，六卷（台北，世界書局，民國 63 年 7 月）

二、一般論著

甲、專　書

（一）中文部分

1. 丁山，《商周史料考證》（北京，中華書局，1988 年 3 月）

2. 人文雜誌編輯部編，《西周史研究》（人文雜誌叢刊第二輯，西安，人文雜誌社，1984 年 8 月）

3. 于省吾主編，《甲骨文字詁林》（北京，中華書局，1996 年 5 月）

4. 山東大學歷史系考古專業教研室編，《大汶口文化討論文集》（濟南，齊魯書社，1981 年）

5. 山東大學歷史系考古專業教研室編，《泗水尹家城》（北京，文物出版社，1990 年 1 月）

6. 山東省文物管理處、濟南市博物館編，《大汶口：新石器時代墓葬發掘報告》（北京，文物出版社，1974 年）

7. 山東省博物館，《鄒縣野店》（北京，文物出版社，1985 年 1 月）

8. 山東省齊魯考古叢刊編輯部編，《山東史前文化論文集》（濟南，齊魯書社，1986 年）

9. 上海人民美術出版社編，《安徽省博物館藏青銅器》（上海，上海人民美術出版社，1987 年）

10. 王仲孚，《中國上古史專題研究》（台北，五南圖書公司，民國 85 年）

11. 王迅，《東夷文化與淮夷文化研究》（北京，北京大學出版社，1994 年 4 月）

12. 王玉哲，《中華遠古史》（上海，上海人民出版社，2000 年 7 月）

13. 中村不折，《書道全集》（書道院影印，昭和六年，1931 年）

14. 文物編輯委員會編，《文物考古工作三十年》（北京，文物出版社，1979 年）

15. 王引之，《經義述聞》（台北，廣文書局，民國 52 年）

16. 王念孫，《讀書雜誌》（台北，廣文書局，民國 51 年）

17. 中國先秦史學會編，《夏史論叢》（濟南，齊魯書社，1985 年 7 月）

18. 中國社會科學院考古研究所編，《新中國的考古發現與研究》（北京，文物出版社，1984 年 5 月）

19. 中國社會科學院考古研究所編，《膠縣三里河》（北京，文物出版社，1988 年）

20. 方詩銘、王修齡，《古本竹書紀年輯證》（台北，華世出版社，民國 72 年 2 月）

21. 王應麟，《詩地理考》（四庫全書第七五冊，台北，台灣商務印書館，民國 72 年）

22. 王獻唐，《山東古國考》（濟南，齊魯書社，1983 年 11 月）

23. 白川靜著，溫天河、蔡哲茂譯，《金文的世界》（台北，聯經出版事業公司，民國 78 年 8 月）

24. 田昌五編，《華夏文明》第一輯（北京，北京大學出版社，1987 年）

25. 北京大學考古教研室商周組編，《商周考古》（北京，文物出版社，1979 年）

26. 北京師範大學國學研究所編，《夏商周斷代工程叢書——武王克商之年研究》（北京，北京師範大學國學研究所，1997 年 11 月）

27. 史念海，《中國史地論集》（又名《河山集》）（北京，三聯書店，1963 年）

28. 江蘇省吳文化研究會編，《吳文化研究論文集》（上海，中山大學，1988 年）

29. 安徽省博物館，《壽縣蔡侯墓出土遺物》（北京，科學出版社，1956 年）

30. 朱雲影，《中國上古史講義》（國立師範大學歷史系，鉛印本）

31. 朱鳳瀚、張榮明編，《夏商周斷代工程叢書--西周諸王年代研究》（貴陽，貴州人民出版社，1998 年 7 月）

32. 杜正勝，《周代城邦》（台北，聯經出版事業公司，民國 68 年）

33. 李白鳳，《東夷雜考》（濟南，齊魯書社，1981 年 9 月）

34. 李德山，《東北古民族與東夷淵源關係考論》（長春，東北師範大學出版社，1996 年 10 月）

35. 何光岳，《東夷源流史》（南昌，江西教育出版社，1990 年 8 月）

36. 岑仲勉，《黃河變遷史》（北京，人民出版社，1957 年 6 月）

37. 李孝定，《甲骨文字集釋》（中央研究院歷史語言研究所專刊之五十，民國 54 年）

38. 吳其昌，《金文厤朔疏證》（上海，商務印書館，民國 25 年 12 月）

39. 吳榮曾主編，《盡心集：張政烺先生八十慶壽論文集》（北京，中國社會科學出版社，1996 年 11 月）

40. 李宗侗，《中國古代社會史》（台北，華岡出版有限公司，民國 43 年 7 月）

41. 李亞農，《李亞農史論集》（上海，人民出版社，1962 年）

42. 宋新潮，《殷商文化區域研究》（西安，陝西人民出版社，1991 年 10 月）

43. 李學勤，《殷代地理簡論》（北京，科學出版社，1959 年）

44. 李學勤，《綴古集》（上海，上海古籍出版社，1998 年 10 月）

45. 李學勤，《李學勤學術文化隨筆》（北京，中國青年出版社，1999 年 1 月）

46. 《周秦文化研究》編委會編，《周秦文化研究》（西安，陝西人民出版社，1998 年 11 月）

47. 南京博物院編，《日照兩城鎮陶器》（北京，文物出版社，1985 年）

48. 胡渭，《禹貢椎指》（四庫全書，第六七冊）

49. 故宮博物院編，《唐蘭先生金文論集》（北京，紫禁城出版社，1995 年 10 月）

50. 徐中舒主編，《甲骨文字典》（成都，四川辭書出版社，1989 年 5 月）

51. 徐旭生，《中國古史的傳說時代》（北京，科學出版社，1959 年）

52. 徐亮之，《中國史前史話》（台北，華岡出版有限公司，民國 43 年）

53. 陝西博物館編，《第二次西周學術史討論會論文集》（西安，陝西人民教育出版社，1993 年 6 月）

54. 島邦男著，溫天河、李壽林譯，《殷墟卜辭研究》（台北，鼎文書局，民國 64 年 12 月）

55. 逢振鎬，《東夷古國史論》（成都，成都電訊工程學院出版社，1989 年）

56. 逢振鎬，《東夷文化史》（北京，中國社會科學出版社，1995 年）

57. 逢振鎬，《東夷文化研究》（濟南，齊魯書社，2007 年）

58. 唐蘭，《西周青銅器銘文分代史徵》（北京，中華書局，1986 年 12 月）

59. 晁福林，《夏商西周的社會變遷》（北京，北京師範大學出版社，1996 年 6 月）

60. 陳槃，《春秋大事表列國爵姓及存滅表譔異》（台北，中央研究院歷史語言研究所專刊之五十二，民國 48 年 4 月）

61. 張光直，《中國青銅時代》（台北，聯經出版事業公司，民國 72 年）

62. 張長壽、陳公柔、王世民，《夏商周斷代工程報告集--西周青銅器分期斷代研究》（北京，文物出版社，1999 年 11 月）

63. 郭沫若，《兩周金文辭大系考釋》（東京，文言堂，1933 年；1958 年北京科學出版社修訂出版）

64. 郭沫若，《卜辭通纂》（東京，文言堂，1933 年；1958 年北京科學出版社修訂出版）。收入《郭沫若全集·考古編第二卷》（北京科學出版社，1982 年）

65. 郭沫若，《金文叢考》（台北，大通書局）

66. 郭沫若主編，《中國史稿》（北京，人民出版社，1976 年）

67. 張秉權，《甲骨文與甲骨學》（台北，國立編譯館，民國 79 年 9 月）

68. 許倬雲，《西周史》（台北，聯經出版事業公司，民國 70 年）

69. 陳夢家，《殷虛卜辭綜述》（北京，科學出版社，1956 年）

70. 傅斯年等，《東北史綱》（中央研究院歷史語言研究所，民國 21 年 10 月）

71. 程發軔，《春秋要領》（台北，蘭基書局，民國 70 年 10 月）

72. 楊伯峻，《春秋左傳注》（北京，中華書局，1981 年）

73. 董作賓，《殷曆譜》（中央研究院歷史語言研究所專刊第二十三，民國 34 年 4 月）

74. 董作賓，《中國年曆總譜》（香港，香港大學出版社，1960 年 1 月）

75. 鄒衡，《夏商周考古學論文集》（北京，文物出版社，1980 年）

76. 楊樹達，《積微居金文說》（北京，科學出版社，1959 年 9 月）

77. 楊樹達，《積微居甲文說》（上海，古籍出版社，1986 年）

78. 蒙文通，《古史甄微》（上海，商務印書館，民國 22 年）

79. 趙鐵寒，《古史考述》（台北，正中書局，民國 54 年 10 月）

80. 鄭杰祥編，《夏文化論文選集》（鄭州，中州古籍出版社，1985 年 3 月）

81. 劉和惠，《楚文化的東漸》（武漢，湖北教育出版社，1995 年 7 月）

82. 劉敦愿、逄振鎬主編，《東夷古國史研究》第一、二輯（西安，三秦出版社，1988 年 10 月、1990 年 5 月）

83. 蔡鳳書、欒豐實編，《山東龍山文化研究文集》（濟南，齊魯書社，1992 年）

84. 錢穆，《史記地名考》（香港，龍書書店，民國 57 年 9 月）

85. 鍾柏生，《殷商卜辭地理論叢》（台北，藝文印書館，民國 78 年）

86. 羅振玉，《三代吉金文存》（台北，明倫出版社，民國 59 年）

87. 羅振玉，《殷虛書契後編》（台北，藝文印書館，民國 48 年）

88. 羅振玉，《殷虛書契考釋》（台北，藝文印書館，民國 58 年 12 月）

89. 嚴一萍，《殷商史記》（台北，藝文印書館，民國 80 年 1 月）

90. 嚴文明，《史前考古論集》（北京，科學出版社，1998 年 1 月）

91. 顧棟高，《春秋大事表》（四庫全書，第一七九～一八〇冊）

92. 欒豐實，《東夷考古》（濟南，山東大學出版社，1996 年 5 月）

93. 欒豐實，《海岱地區考古研究》（濟南，山東大學出版社，1997 年 6 月）

（二）日文部分

1. 貝塚茂樹，《中國古代史學の發展》（東京，弘文堂書房，1967 年 7 月）

乙、論　文

1. 丁山，〈召穆公傳〉，《中央研究院歷史語言研究所集刊》第 2 本（民國 19 年）。

2. 丁山，〈夷考〉，《中央研究院歷史語言研究所集刊》第 2 本（民國 19 年）。

3. 丁山，〈由三代都邑論其民族文化〉，《中央研究院歷史語言研究所集刊》第 25（民國 24 年）。

4. 丁超塵等，〈對含山仙蹤遺址出土古稻淺見〉，《安徽農業科學》1981 年第一期。

5. 于志耿、李殿福、陳連開，〈商先起源於幽毫說〉，《歷史研究》1985 年第五期。

6. 山東大學歷史系考古專業、聊城地區文化局、荏平縣圖書館，〈山東省荏平縣南陳莊遺址發掘簡報〉，《考古》1985 年第四期。

7. 山東大學歷史系考古專業、濟寧地區文物科、泗水縣文化館，〈泗水尹家城遺址第二、三次發掘簡報〉，《考古》1985 年第七期。

8. 山東大學歷史系考古專業，〈山東泗水尹家城遺址第四次發掘簡報〉，《考古》1987 年第四期。

9. 山東大學歷史系考古專業、鄒平縣文化局，〈山東鄒平丁公遺址試掘簡報〉，《考古》1989 年第五期。

10. 山東大學歷史系考古專業、山東省文物考古研究所、濟南市博物館，〈1984 年秋濟南大辛莊遺址試掘述要〉，《文物》1995 年第 6 期。

11. 山東省博物館，〈山東長清出土的青銅器〉，《文物》1964 年第四期。

12. 山東省博物館，〈山東益都蘇埠屯一號奴隸殉葬墓〉，《文物》1972 年第八期。

13. 山東省博物館，〈莒南大店春秋時期莒國殉人墓〉，《考古學報》1978 年第三期。

14. 山東省煙台地區文物管理委員會，〈煙台市上夼村出土箕國銅器〉，《考古》1983 年第四期。

15. 山東省煙台地區文管組，〈山東蓬萊縣西周墓發掘簡報〉，《文物資料叢刊》第三期（1980 年）。

16. 山東省文物考古研究所、沂水縣文物管理站，〈山東沂水劉家店子春秋墓發掘簡報〉，《文物》1984 年第九期。

17. 于省吾，〈略論圖騰和宗教起源和夏商圖騰〉，《歷史研究》1955 年第十一期。

18. 于省吾，〈略論西周金文中『六』和『八』及其屯田制〉，《考古》1964 年第 3 期。

19. 于省吾，〈釋從天從大從人的一些古文字〉，《古文字研究》第十五輯（1986 年 6 月）。

20. 王子今，〈從玄鳥到鳳凰——談東夷文化的歷史地位〉，《中國文化研究集刊》第五輯（上海，復旦大學出版社，1987 年 6 月）

21. 王玉哲，〈楚族故地及其遷徙路線〉，載於《周叔弢先生六十歲生日紀念論文集》（香港，龍門書店，民國 49 年）。

22. 王玉哲，〈殷商疆域史中的一個重要問題——"點"和"面"的概念〉，《鄭州大學學報》1982 第二期。

23. 王玉哲，〈周公旦的當政及其東征考〉，《西周史研究》（西安，人文雜誌叢刊第二輯，1984 年 8 月）

24. 王玉哲，〈商族的來源地望試探〉，《歷史研究》1984 年第一期。

25. 王玉哲，〈秦人的族源及遷徙路線〉，《歷史研究》1991 年第三期。

26. 尹占群、趙明奇，〈淮夷文化初探〉，《徐州師範學院學報》1990 年第二期。

27. 王仲孚，〈堯舜傳說試釋〉，《國立台灣師範大學歷史學報》第七期（民國 68 年 5 月）

28. 王仲孚，〈大禹與夏初傳說試釋〉，《國立台灣師範大學歷史學報》第八期（民國 69 年 5 月）

29. 王仲孚，〈殷商覆亡原因試釋〉，《國立台灣師範大學歷史學報》第十期（民國 71 年 6 月）

30. 王宇信、陳紹棣，〈關於銅山丘灣商代祭祀遺址〉，《文物》1973 年第十二期。

31. 王汝濤，〈東夷與東夷文化〉，《齊魯學刊》1984 年第一期。

32. 王汝濤，〈魯南東夷文化與春秋莒國〉，《中華文史論叢》第九輯（1981 年）

33. 王迅，〈試論夏商時期東方地區的考古學文化〉，《北京大學學報》1989 年第二期。

34. 王妙發，〈黃河流域的史前聚落〉，《歷史地理》第六輯（1988 年 9 月）

35. 方酉生，〈夏與東夷關係新探〉，《東南文化》1992 年第二期。

36. 王言京，〈山東省鄒縣又發現商代銅器〉，《文物》1974 年第一期。

37. 王冠英，〈殷商的外服及其演變〉，《歷史研究》1984 年第五期。

38. 中國社會科學院考古研究所山東發掘隊，〈山東平陰縣朱家橋殷代遺址〉，《考古》1961 年第二期。

39. 中國社會科學院考古研究所山東隊、滕縣博物館，〈山東滕縣古遺址調查簡報〉，《考古》1980 年第一期。

40. 中國社會科學院考古研究所山東發掘隊，〈滕州前掌大商代墓葬〉，《考古學報》1992 年第三期。

41. 文崇一，〈亞洲東北與北美西北及太平洋的鳥生傳說〉，《民族學研究所集刊》第十二期（民國 50 年）

42. 王國維，〈說自契至于成湯八遷〉，《觀堂集林》卷十三（台北，世界書局，民國 64 年 3 月）

43. 王國維，〈說商〉，同上。

44. 王國維，〈說毫〉，同上。

45. 王國維，〈鬼方昆夷獫狁考〉，同上。

46. 心健、家驥，〈山東費縣發現東周銅器〉，《考古》1983 年第二期。

47. 王慎行，〈從人形古文字零釋〉，《殷都學刊》1991 年第一期。

48. 王輝，〈史密簋銘文考地〉，《人文雜誌》1991 年第四期。

49. 王震中，〈東夷的史前史及其燦爛文化〉，《中國史研究》1988 年第一期。

50. 王震中，〈史前東夷族的歷史地位〉，《中國社會科學院研究生院學報》1988 年第六期。

51. 王錫平，〈膠東半島夏商周時期的夷人文化〉，《北方文物》1987 年第二期。

52. 孔繁剛，〈山東滕縣井亭煤礦等地發現銅器及古遺址、墓葬〉，《文物》1959 年第十二期。

53. 王曉勇，〈有關古黃國的兩個問題〉，《河南大學學報》1989 年第四期。

54. 王獻唐，〈人與夷〉，《中華文史論叢》1982 年第一輯。

55. 北京大學考古實習隊、煙台地區文管會、長島縣博物館，〈山東長島史前遺址〉，《史前研究》1983 年創刊號。

56. 北京大學考古實習隊、昌樂縣圖書館，〈山東昌樂縣鄒家莊遺址發掘簡報〉，《考古》1987 年第五期。

57. 北京大學考古系商周組、山東省菏澤地區文展館、山東省菏澤市文化館，〈菏澤安邱堌堆遺址發掘簡〉，《文物》1987 年第十一期。

58. 史念海，〈西周春秋時期華族與非華族的雜居及其地理分布〉（上）（下），《中國歷史地理論叢》1990 年第一、二期。

59. 石興邦，〈山東地區史前考古方面的有關問題〉，《山東史前文化論文集》（濟南，齊魯書社，1986 年 9 月）

60. 石興邦，〈我國東方沿海和東南地區古代文化中鳥類圖像與鳥祖崇拜的有關問題〉，載於田昌五、石興邦主編，《中國原始文化論集》（北京，文物出版社，1988 年 6 月）

61. 伍人，〈山東地區史前文化發展序列及相關問題〉，《文物》1982 年第十期。

62. 朱玉龍，〈徐史述論〉，《安徽史學》1984 年第二期。

63. 艾延丁，〈中國之謎之我見〉，《中原文物》1987 年第三期。

64. 任相宏，〈濟南大辛庄龍山、商遺址調查〉，《考古》1985 年第八期。

65. 朱禎、王建，〈由《康侯毁》銘文說到周初三監〉，《殷都學刊》1988 年第三期。

66. 安徽省文化局文物工作隊，〈安徽舒城出土的銅器〉，《考古》1964 年第十期。

67. 安徽省展覽、博物館，〈安徽含山縣孫家崗商代遺址調查與試掘〉，《考古》1977 年第三期。

68. 安徽省文物工作隊，〈安徽舒城九里墩春秋墓〉，《考古學報》1982 年第二期。

69. 安徽省文物工作隊，〈潛山薛家崗新石器時代遺址〉，《考古學報》1982 年第三期。

70. 安徽省文物工作隊，〈安徽肥西縣金牛春秋墓〉，《考古》1984 年第九期。

71. 安徽省文物考古研究所、含山縣文物管理所，〈安徽含山大城墩遺址第四次發掘報告〉，《考古》1989 年第二期。

72. 安徽省文物考古研究所、舒城縣文物管理所，〈安徽舒城縣河口春秋墓〉，《文物》1990 年第六期。

73. 江鴻，〈盤龍城與商朝的南土〉，《文物》1976 年第 2 期。

74. 江西省歷史博物館，《江西靖安出土春秋徐國銅器》，《文物》1980 年第 8 期。

75. 江蘇省文物管理委員會，〈徐州高皇廟遺址清理報告〉，《考古學報》1958 年第四期。

76. 吳大焱、羅英杰，〈陝西武功縣出土駒父盨蓋〉，《文物》1976 年第五期。

77. 汪中文，〈「伯戏」與「彔」、「彔伯戏」諸器間系聯問題之檢討〉，《大陸雜誌》第七十九卷第三期（民國 78 年 9 月）

78. 李民，〈關於商族的起源地——從《堯典》說起〉，《鄭州大學學報》1984 年第一期。

79. 李民，〈南亳、北亳與西亳的糾葛〉，《全國商史學術討論會論文集》（殷都學刊增刊，1985 年）

80. 杜正勝，〈尚書中的周公〉，《大陸雜誌》第五十六卷第三、四期（民國 67 年 4 月）

81. 杜正勝，〈周代封建的建立〉，《中央研究院歷史語言研究所集刊》第五十本第三分（民國 68 年 9 月）

82. 杜正勝，〈周代封建的社會結構〉，同上。

83. 何幼琦，〈帝乙、帝辛紀年和征夷方的年代〉，《殷都學刊》1990 年第三期。

84. 李仰松，〈從河南龍山文化的幾個類型談夏文化的若干問題〉，《中國考古

學會第一次年會論文集》（北京，文物出版社，1980 年 12 月）

85. 吳汝祚，〈夏與東夷關係的初步探討〉，載於田昌五編《華夏文明》（北京，北京大學出版社，1987 年）

86. 吳汝祚，〈大汶口文化──東夷族的早期史略〉，《東岳論叢》1983 年第二期。

87. 李先登，〈禹鼎集釋〉，《中國歷史博物館館刊》第六輯（1984 年 10 月）

88. 李先登，〈曾國銅器的初步分析〉，《中國歷史博物館館刊》第九期（1986 年）

89. 杜在中，〈萊國與萊夷文化探略〉，《東岳論叢》1984 年第一期。

90. 李仲操，〈史牆盤銘文試釋〉，《文物》1978 年第三期。

91. 李仲操，〈史密簋銘文補釋〉，《西北大學學報》1990 年第一期。

92. 李仲操，〈再論史密簋所記作戰地點──兼與王輝同志商榷〉，《人文雜誌》1992 年第二期。

93. 李步青，〈山東萊陽縣出土己國銅器〉，《文物》1983 年第十二期。

94. 李志庭，〈西周封國的政區性質〉，《杭州大學學報》1981 年第三期。

95. 李伯謙，〈夏文化與先商文化關係探討〉，《中原文物》1991 年第一期。

96. 吳松弟，〈黃淮海平原歷史時期人口分布的初步研究〉，《歷史地理》第十一輯（1993 年 6 月）

97. 何長風，〈安徽江淮地區夏時期文化初析〉，《文物研究》第四期（1988 年 10 月）

98. 沈長雲，〈談《令毀》中的楚及相關問題〉，《中華文史論叢》第四十六輯（1990 年 12 月）

99. 宋承鈞、史明，〈膠東史前文化與萊夷的歷史貢獻〉，《東岳論叢》1984 年第一期。

100. 杜金鵬，〈先商濟亳考略〉，《殷都學刊》1988 年第三期。

101. 佟柱臣，〈新的發現、新的年代測定對中國石器時代考古學提出的新問題〉，《社會科學戰線》1979 年第一期。

102. 佟柱臣，〈中國新石器時代文化的多中心發展論和不平衡論─論中國新石器時代文化發展的規律和中國文明的起源〉，《文物》1986 年第二期。

103. 宋建，〈試論滁河流域的周代文化〉，《東南文化》第一輯（1985 年 10 月）

104. 何浩，〈巢國史跡鉤沈〉，《中國史研究》1983 年第二期。

105. 李建民，〈略談我國新石器時代的人祭遺存〉，《中原文物》1981 年第三期。

106. 吳家哲等，〈大汶口──龍山文化時代原始藝術初探〉，《史前研究》1984 年第四期。

107. 李修松，〈淮夷探論〉，《東南文化》1991 年第二期。

108. 李家和、劉詩中，〈春秋徐器與徐人活動地域初探〉，《歷史地理》第十輯（1992 年 7 月）

109. 吳詩池，〈山東新石器時代農業考古概述〉，《農業考古》1983 年第二期。

110. 李經漢，〈鄭州二里崗時期商文化的來源及相關問題的討論〉，《中原文物》1983 年第三期。

111. 李慕寒，〈論民族地理學的研究對象及研究內容〉，《徐州師範學院學報》1990 年第三期。

112. 李錦山，〈東夷原始宗教概述〉，載於《東夷古國史研究》第一輯（西安，三秦出版社，1988 年 10 月）

113. 李衡梅，〈"夷俗仁"發微〉，《文史哲》1992 年第一期。

114. 宋豫秦，〈論魯西南地區的商文化〉，《華夏考古》1988 年第一期。

115. 宋豫秦，〈夷夏商三種考古學文化交匯地域淺談〉，《中原文物》1992 年第一期。

116. 李學勤，〈論史牆盤及其意義〉，《考古學報》1978 年第 2 期。

117. 李學勤，〈西周中期青銅器的重要標尺──周原莊白、強家兩處青銅器窖藏的綜合研究〉，《中國歷史博物館館刊》1979 年第一期。

118. 李學勤、唐雲明，〈元氏銅器與西周的的邢國〉，《考古》1979 年第一期。

119. 李學勤，〈論漢淮間的春秋青銅器〉，《文物》1980 年第一期。

120. 李學勤，〈論多友鼎的時代及意義〉，《人文雜誌》1981 年第六期。

121. 李學勤，〈試論山東新出青銅器的意義〉，《文物》1983 年第十二期。

122. 李學勤，〈兮甲盤與駒父盨──論西周末年周朝與淮夷的關係〉，《西周史研究》（西安，人文雜誌叢刊第二輯，1984 年 8 月）

123. 李學勤，〈從新出青銅器看長江下游文化的發展〉，《文物》1990 年第八期。

124. 李學勤，〈重論夷方〉，《民大史學》第一輯（中央民族大學出版社，1996 年）。

125. 吳鎮烽，〈陝西西周青銅器斷代分期與分期研究〉，《中國考古學研究論集──紀念夏鼐先生考古五十周年》，西安，三秦出版社，1987 年 12 月）

126. 吳鎮烽，〈史密簋銘文考釋〉，《考古與文物》1989 年第三期。

127. 吳鵬，〈試論燕北地區夏家店下層文化的分期──兼談燕南地區所謂『夏家店下層文化』性質及相關問題〉，《華夏考古》1988 年第四期。

128. 金天明，〈氏族、部落、部族、民族──論民族共同體發展的歷史類型〉，《雲南社會科學》1983 年第一期。

129. 尚民杰，〈部落聯盟探析〉，《中國史研究》1989 年第四期。

130. 周昌富，〈萊國姓氏與地望考〉，《齊魯學刊》1984 年第一期。

131. 阜陽地區博物館，〈安徽潁上王岡、趙集發現商代文物〉，《文物》1985 年第十期。

132. 金祥恆，〈從甲骨卜辭研究殷商軍旅中之王族三行三師〉，《中國文字》第 52 期（民國 63 年）。

133. 金景芳，〈商文化起源於我國北方說〉，《中華文史論叢》1978 年第七輯。

134. 武津彥，〈略論河南境內發現的大汶口文化〉，《考古》1981 年第三期。

135. 屈萬里，〈曾伯霥簠考釋〉，原載《中央研究院歷史語言研究所集刊》第三十三本（民國 51 年），收入《書傭論學集》（台北，台灣開明書店，民國 58 年 3 月）。

136. 屈萬里，〈西周史事概論〉，《中央研究院歷史語言研究所集刊》第 42 本第 4 分（民國 60 年）。

137. 馬世之，〈商族圖騰崇拜及其名稱的由來〉，《殷都學刊》1986 年第一期。

138. 胡志祥，〈西周對淮夷政策初探〉，《華東師範大學學報》1989 年第一期。

139. 馬承源，〈關於翏生盨和者減鐘的幾點意見〉，《考古》1979 年第一期。

140. 馬承源，〈有關周初史實的幾個問題〉，《中華文史論叢》第四十六輯（1990 年 12 月）

141. 南京博物院，〈江蘇銅山丘灣古遺址的發掘〉，《考古》1973 年第二期。

142. 胡秉華，〈奄國史之初探〉，載於《東夷古國史研究》第二輯（西安，三秦出版社，1990 年 5 月）

143. 胡厚宣，〈甲骨文所見商族鳥圖騰的新證據〉，《文物》1977 年第二期。

144. 俞偉超，〈銅山丘灣商代社祀遺跡的推定〉，《考古》1973 年第五期。

145. 賀雲翱，〈徐國史研究綜述〉，《安徽史學》1986 年第六期。

146. 馬道闊，〈安徽省廬江縣出土春秋青銅器——兼談南淮夷文化〉，《東南文化》1990 年第一、二合期。

147. 胡嘏，〈群舒史跡鉤沈〉，《安徽史學》1986 年第六期。

148. 侯毅，〈論我國古代的民族部落聯盟〉，《文博》1989 年第三期。

149. 殷之彝，〈山東益都蘇埠屯墓地和『亞醜』銅器〉，《考古學報》1977 年第二期。

150. 徐中舒，〈殷人服象及象之南遷〉，《中央研究院歷史語言研究所集刊》第二本第一分（民國 19 年 5 月）

151. 徐中舒，〈殷周之際史蹟之檢討〉，《中央研究院歷史語言研究所集刊》第七本第一分（民國 25 年 12 月）

152. 徐中舒，〈禹鼎的年代及其相關問題〉，《考古學報》1959 年第三期。

153. 徐中舒，〈殷商史中的幾個問題（上）〉，《四川大學學報》1979 年第二期。

154. 高去尋，〈商湯都亳的探討〉，載於董玉京編《董作賓先生誕辰九五紀念文集》（自印，民國 77 年）

155. 夏含夷，〈從駒父盨蓋銘文談周王朝與南淮夷的關係〉，《漢學研究》第五卷第二期（民國 76 年 12 月）

156. 孫作雲，〈后羿傳說叢考——夏時蛇鳥豬黿四部族之鬥爭〉，《中國學報》第一卷第三、四、五期（民國 33 年 5、6、7 月）

157. 孫作雲，〈中國古代鳥氏族諸酋長考〉，《中國學報》第三卷第三期（民國 34 年 3 月）

158. 晏昌貴，〈西周胡國地望及其相關問題〉，《河北大學學報》1990 年第一期。

159. 逄振鎬，〈東夷及其史前文化試論〉，《歷史研究》1987 年第三期。

160. 逄振鎬，〈論中國古文明的起源與東夷人的歷史貢獻〉，《中原文物》1991 年第二期。

161. 逄振鎬，〈東夷史前製陶業的發展〉，《中原文物》1993 年第三期。

162. 孫海波，〈周金地名小記〉，《禹貢》第七卷第六、七合期（民國 26 年 6 月）

163. 凌純聲，〈中國古代海洋文化與亞洲地中海〉，《海外》第三卷第十期（民國 43 年 5 月）

164. 宮希城，〈夏商時期安徽江淮地區的考古學文化〉，《東南文化》1991 年第 2 期。

165. 孫開泰，〈關於東夷思想史的兩個問題〉，載於《東夷古國史研究》第二輯（西安，三秦出版社，1990 年 5 月）

166. 晁福林，〈論周初歷史發展的幾個問題〉，《北京師範大學學報》1989 年第五期。

167. 唐嘉弘，〈東夷及其歷史地位〉，《史學月刊》1989 年第四期。

168. 高廣仁，〈山東地區史前文化概論〉，載於《山東史前文化論文集》（濟南，齊魯書社，1986 年 9 月）

169. 高廣仁、邵望平，〈中華文明發祥地之一——海岱歷史文化區〉，《史前研究》1984 年第一期。

170. 常興照、張光明，〈商奄、蒲姑鈎沉〉，載於《東夷古國史研究》第二輯（西安，三秦出版社，1990 年 5 月）

171. 高應勤、夏淥，〈『鄀太子伯辰鼎』及其銘文〉，《江漢考古》1984 年第一期。

172. 唐蘭，〈西周銅器斷代中的「康宮」問題〉，《考古學報》1962 年第一期。

173. 唐蘭，〈用青銅銘文來研究西周歷史〉，《文物》1976 年第六期。

174. 唐蘭，〈從大汶口文化的陶器文字看我國最早文化的年代〉，《光明日報》1977 年 12 月 15 日。

175. 唐蘭，〈中國奴隸社會的上限遠在五、六千年前〉，收入山東大學歷史系考古教研室編《大汶口文化論集》（濟南，齊魯書社，1979 年 11 月）

176. 陳公柔，〈《曾伯霥簋》銘文中的 "金道錫行" 及相關問題〉，載於中國社會科學院考古研究所編《中國考古學論叢——中國社會科學院考古研究所建所 40 年紀念》（北京，科學出版社，1993 年 5 月）

177. 張正明，〈漢淮之間——周代的一個文化交錯地段〉，《中原文物》1992 年第二期。

178. 陳旭，〈鄭州商文化淵源試析〉，《中州學刊》1990 年第一期。

179. 張光直，〈殷商文明起源研究上的一個關鍵問題〉，《沈剛伯先生八秩榮慶論文集》（台北，聯經出版事業公司，民國 65 年）

180. 張光直，〈殷周關係的再檢討〉，《中央研究院歷史語言研究所集刊》第 51 本第 2 分（民國 69 年）

181. 張光直，〈從夏商周三代考古論三代關係與中國古代國家的形成〉，《屈萬里先生七秩榮慶論文集》（台北，聯經出版事業公司，民國 72 年）

182. 郭旭東，〈商代的軍事與情報〉，《殷都學刊》1993 年第一期。

183. 郭克煌，〈有關莒國史的幾個問題〉，《齊魯學刊》1984 年第一期。

184. 商志䪴、唐鈺明，〈江蘇丹徒背山頂春秋墓出土鐘鼎銘文釋證〉，《文物》1989 年第四期。

185. 郭沫若，〈訇簋考釋〉，《文物》1960 年第二期。

186. 商周青銅器銘文選集編輯組，〈商周青銅器銘文選集——西周·方國征伐（一）〉，《上海博物館館刊》第一期（1981 年 1 月）

187. 張忠培、孔哲生、張文軍、陳雍，〈夏家店下層文化研究〉，《考古學文化論集》第一集（北京，文物出版社，1987 年 12 月）

188. 陳昌遠，〈商族起源地望發微〉，《歷史研究》1987 年第一期。

189. 陳秉新，〈舒城鼓座銘文初探〉，《江漢考古》1984 年第二期。

190. 陳秉新，〈徐舒源流初探〉，《安徽史學》1986 年第二期。

191. 陳夢家，〈西周銅器斷代〉（一），《考古學報》1955 年第 5 期。

192. 陳夢家，〈西周銅器斷代〉（二），《考古學報》1955 年第 10 期。

193. 陳夢家，〈西周銅器斷代〉（三），《考古學報》1956 年第 11 期。

194. 陳夢家，〈西周銅器斷代〉（四），《考古學報》1956 年第 12 期。

195. 陳夢家，〈西周銅器斷代〉（五），《考古學報》1956 年第十三期。

196. 國家文物局考古領隊培訓班，〈山東濟寧鳳凰台遺址發掘簡報〉，《文物》1991 年第一期。

197. 張國碩，〈試論華夏集團與東夷集團的文化交流及融合〉，《中國史研究》1993 年第三期。

198. 張博泉，〈關於殷人的起源地問題〉，《史學集刊》復刊號（1981 年 10 月）

199. 梁園東，〈商人自契至湯八遷重考與商民族興於東土駁議〉，《東方雜誌》第三十卷第十九期（民國 22 年 10 月）

200. 張敬國、賈慶元，〈肥東縣古城吳大堆遺址試掘簡報〉，《文物研究》1985 年第一期。

201. 張敬國，〈安徽肥東肥西古文化遺址調查〉，《文物研究》1986 年第二期。

202. 張敬國，〈含山大城墩遺址第四次發掘的主要收穫〉，《文物研究》第四期（1988 年）

203. 陳夢家，〈隹夷考〉，《禹貢》第五卷第十期（民國 25 年 7 月）

204. 陳夢家，〈商代地理小記（二）〉，《禹貢》第七卷第六、七合期（民國 26 年 6 月）

205. 陳夢家，〈西周銅器斷代（一）〉，《考古學報》第九冊（1955 年）

206. 陳夢家，〈西周銅器斷代（二）〉，《考古學報》第十冊（1955 年）

207. 陳德珍，〈中國新石器時代居民體質類型及其繼承關係〉，《人類學學報》第五卷第二期（1986 年 5 月）

208. 張錯生，〈商"亳"探源〉，《中原文物》1993 年第一期。

209. 張懋鎔、趙榮、鄒東濤，〈安康出土的史密簋及其意義〉，《文物》1989 年第七期。

210. 張懋鎔，〈西周南淮夷稱名與軍事考〉，《人文雜誌》1990 年第四期。

211. 陳懷荃，〈東方地區風、嬴、偃諸姓部落群發展概勢——兼論少皞之族與大汶口文化的關係〉，《安徽師範大學學報》1980 年第三期。

212. 陳懷荃，〈楚在江淮地區的發展和孫叔敖開芍陂〉，《歷史地理》第九輯（1990 年 10 月）

213. 黃中業，〈從考古發現看商文化起源於我國北方〉，《北方文物》1990 年第一期。

214. 棗庄市文物管理站，〈棗庄市南部地區考古調查紀要〉，《考古》1984 年第四期。

215. 彭明翰，〈銅與青銅時代中原王朝的南侵〉，《江漢考古》1992 年第三期。

216. 程長新等，〈北京揀選一組二十八件商代帶銘文銅器〉，《文物》1964 年第七期。

217. 曾昭岷、李瑾，〈曾國和曾國銅器綜考〉，《江漢考古》1980 年第一期。

218. 傅斯年，〈夷夏東西說〉，《慶祝蔡元培先生六十五歲論文集》（中央研究院歷史語言研究所集刊外編第一種，民國 24 年）

219. 傅斯年，〈大東小東說──兼論魯燕齊初封在成周東南後乃東遷〉，《中央研究院歷史語言研究所集刊》第二本第一分（民國 19 年 5 月）

220. 童疑，〈夷蠻戎狄與東南西北〉，《禹貢》第七卷第十期（民國 26 年 7 月）

221. 黃盛璋，〈班簋的年代地理與歷史問題〉，《考古與文物》1981 年第 1 期。

222. 黃盛璋，〈彔伯銅器及其相關問題〉，《考古與文物》1983 年第 5 期。

223. 黃盛璋，〈淮夷新考〉，《文物研究》第 5 集（1989 年）。

224. 黃德寬，〈淮夷文化研究的重要發現──駒父盨蓋銘文及其史實〉，《東南文化》1991 年第 2 期。

225. 黃競新，〈從卜辭經史中考殷商民族源流〉（國立台灣大學中文研究所博士論文，民國 71 年）

226. 葉文憲，〈商族起源諸說辨析〉，《殷都學刊》1993 年第三期。

227. 煙台市文物管理委員會，〈山東長島王溝東周墓葬〉，《考古學報》1993 年第三期。

228. 董作賓，〈卜辭中的亳與商〉，《大陸雜誌》第六卷第一期（民國 42 年 1 月）

229. 董作賓，〈殷代禮制中的新舊兩派〉，《大陸雜誌》第六卷第三期（民國 42 年 3 月）

230. 董作賓，〈甲骨文斷代研究例〉（中央研究院歷史語言研究所集刊之五十附冊，民國 54 年）

231. 楊寬，〈伯益考〉，《齊魯學報》第一號（民國 30 年 1 月）

232. 楊寬，〈商代的別都制度〉，《復旦學報》1984 年第一期。

233. 楊立新，〈皖南古代銅礦的發現及其歷史價值〉，《文物研究》第 3 集（1987 年月）

234. 楊立新，〈安徽江淮地區原始文化初探〉，《文物研究》第 4 集（1988 年 10 月）

235. 楊亞長，〈試論商族的起源與先商文化〉，《北方文物》1988 年第二期。

236. 楊東晨，〈周代東夷嬴姓族的西遷和嬴姓國的業跡〉，《文博》1993 年第六期。

237. 楊深富、胡脣、徐淑彬，〈山東日照市周代文化遺存〉，《文物》1990 年第六期。

238. 萬全文，〈商周王朝南進掠銅論〉，《江漢考古》1992 年第三期。

239. 葛毅卿，〈說滴〉，《中央研究院歷史語言研究所集刊》第七本第四分（民國 27 年 5 月）

240. 楊德標、楊立新,〈安徽江淮地區的商周文化〉,《中國考古學會第四次年會論文集》(北京,文物出版社,1985 年 12 月)

241. 齊文濤,〈概述近年來山東出土的商周青銅器〉,《文物》1972 年第五期。

242. 潁上縣文化局文物工作組,〈安徽潁上縣出土一批商周青銅器〉,《考古》1984 年第十二期。

243. 鄧少琴、溫少峰,〈論帝乙征『人方』是用兵江漢〉,《社會科學研究》1983 年第三、四期。

244. 遲克儉,〈古萊國初探〉,《齊魯學刊》1984 年第一期。

245. 潘其風、韓康信,〈我國新石器時代居民種系分布研究〉,《考古與文物》1980 年第二期。

246. 鄭杰祥,〈釋滴〉,《殷都學刊》1986 年第二期。

247. 鄭杰祥,〈玄鳥解〉,《中州學刊》1990 年第一期。

248. 黎家芳,〈山東史前文化在中華遠古文明形成中的地位〉,載於《山東史前文化論文集》(濟南,齊魯書社,1986 年 9 月)

249. 劉釗,〈卜辭所見殷代的軍事行動〉,《古文字研究》第十六輯(1989 年 9 月)

250. 劉翔,〈周夷王經營南淮夷及其與鄂之關係〉,《江漢考古》1982 年第三期。

251. 劉翔,〈周宣王征南淮夷考〉,《人文雜誌》1983 年第六期。

252. 劉緒,〈從夏代各部族的分布和相互關係看商族的起源地〉,《史學月刊》1989 年第三期。

253. 蔡鳳書,〈濟南大辛庄商代遺址調查〉,《考古》1973 年第五期。

254. 劉筱紅,〈巢國考〉,《華中師範大學學報》1987 年第二期。

255. 穆海亭,〈新發現的西周王室重器五祀𩰬鐘考〉,《人文雜誌》1983 年第二期。

256. 鍾柏生,〈卜辭中所見殷王田游地名考——兼論田游地名研究法〉(台大中文研究所碩士論文,民國 61 年 6 月)

257. 韓康信、潘其風,〈古代中國人種成份研究〉,《考古學報》1984 年第二期。

258. 韓康信,〈中國新石器時代種族人類學研究〉,載於田昌五、石興邦主編《中國原始文化論集——紀念尹達八十誕辰》(北京,文物出版社,1989 年 6 月)

259. 韓康信,〈山東諸城呈子新石器時代人骨〉,《考古》1990 年第七期。

260. 韓榕,〈海岱文化雛議——關於"考古學文化區、系、類型問題"的研究〉,載於《中國考古學論叢——中國社會科學院考古研究所建所 40 年

紀念》（北京，科學出版社，1993 年 5 月）

261. 蕭燕，〈從文化變遷的角度論山東地區早商文化〉，《東南文化》1993 年第三期。

262. 羅西章、吳鎮烽、雒忠如，〈陝西扶風出土西周伯蔑諸器〉，《文物》1976 年第六期。

263. 羅西章，〈陝西扶風發現西周屬王𣪘殷〉，《文物》1979 年第四期。

264. 羅竹林，〈紂克東夷與牧野之戰〉，《學術研究》1982 年第五期。

265. 羅祖基，〈對商紂的重新評價〉，《齊魯學刊》1988 年第三期。

266. 懷寧縣文物管理所，〈安徽懷寧出土春秋青銅器〉，《文物》1983 年第十一期。

267. 嚴文明，〈中國史前文化的統一性與多樣性〉，《文物》1987 年第三期。

268. 嚴文明，〈東夷文化的探索〉，《文物》1989 年第一期。

269. 嚴文明，〈略論中國文明的起源〉，《文物》1992 年第一期。

270. 蘭辛建，〈先商文化探源〉，《北方文物》1985 年第二期。

271. 蘇兆慶，〈莒史新徵〉，載於陝西博物館編《第二次西周學術史討論會論文集》（西安，陝西人民教育出版社，1993 年 6 月）

272. 蘇秉琦、殷瑋璋，〈關於考古學文化的區系類型問題〉，《文物》1981 年第五期。

273. 嚴耕望，〈夏代都居與二里頭文化〉，《大陸雜誌》第六十一卷第五期（民國 69 年 11 月）

274. 顧頡剛，〈『三監』人物及其疆地——周公東征史事考證之一〉，《文史》第二十二輯（1984 年 6 月）

275. 顧頡剛，〈三監及東方諸國的反周軍事行動和周公的對策——周公東征史事考證之三〉，《文史》第二十六輯（1986 年 5 月）

276. 顧頡剛，〈周公東征和東方各族的遷徙——周公東征史事考證四之一〉，《文史》第二十七輯（1986 年 12 月）

277. 顧頡剛，〈康王以下的東征和北征——周公東征史事考證四之二〉，《文史》第二十九輯（1988 年 1 月）

278. 顧頡剛，〈徐和淮夷的遷、留——周公東征史事考證四之五〉，《文史》第三十二輯（1990 年 3 月）

279. 龔維英，〈商的由來淺說〉，《中學歷史教學》1985 年第二期。